Kuch Alfaaz Zindagi Ka

OrangeBooks Publication

1st Floor, Rajhans Arcade, Mall Road, Kohka, Bhilai, Chhattisgarh 490020
Website: **www.orangebooks.in**

© **Copyright, 2024, Author**

All rights reserved. No part of this book may be reproduced, stored in a retrieval system, or transmitted, in any form by any means, electronic, mechanical, magnetic, optical, chemical, manual, photocopying, recording or otherwise, without the prior written consent of its writer.

First Edition, 2024
ISBN: 978-93-6554-874-7

कुछ अल्फ़ाज़ ज़िंदगी का

इम्मानुएल प्रभाकर लंका

OrangeBooks Publication
www.orangebooks.in

कितनी बदनसीब हैं यह किताबें,

जो औरों को ज़िन्दगी के बड़े सबक सिखा देते

पर खुद कुछ नहीं सीख पातें,

आज कल पढ़े लिखे लोगों का हाल भी कुछ ऐसा ही हैं।

कहाँ से सीखा हैं तूने यह,

दिल से दिल मिलाना और अकेले उसे तड़पने छोड़ देना

हमारी यह आदत नहीं की किसी से दिल्लगी कर और
उसे तड़पने अकेले छोड़ दे,

हम तो तडप को भी तड़पाते हैं अपने यार के खातिर।

दिल मेरा इतना सस्ती नहीं हैं यार,

मत खेलो तुम इससे,

बहुत महंगा रोना रुलाता हैं यह,

तन बदन तो दूर की बात,

रूह तक जला देता हैं यह।

इश्क़ कर लेना किसी से तो पता चले,

कितना बोल पाते हो।

खूब किताबें लिखे हैं लिखने वालों ने,

हमने एक कलाम क्या लिखा,

कलम खुद टूटकर बिखर गयी हैरानगी से,

वो जान गया था कोई देख रहा हैं कलम से उसे

चुप के चुप के कुछ लिखते हुए,

मैं जानता था वो कोई और नहीं,

परछाई थी मेरी।

आज कल तुझे मनाना मुश्किल सा हो गया है ज़िंदगी,

ना जाने क्यों ऐसा लग रहा है मुझे,

मौत को आने से रोख सकते हैं हम,

पर तेरे जाना नहीं।

दर्द को इस कदर सीने से लगा लिया है हमने,

पता नहीं चला कौन था वो जो हमें दर्द दे गया।

दर्द ने कहा मुझसे,

जब तुम बाहों में हो मेरे,

तो गैरो की बातें क्यों सोचते हो,

मज़ा तो ले रहे हो बाहों में झूलते मेरे,

दर्द देने वाला अपना है या पराया,

इस सोच से क्यों परेशान हुए जा रहे हो।

मुझे भी दर्द होता है,

जब मेरा अपना कोई ना हो,

बड़ी मुश्किल से मिले हो तुम,

फिर जुदा होने कि क्यों सोचते हो?

आओ दोनों मिलकर आपस में कुछ बातें कर लें,

कुछ सुख दुख अपना बांट लें,

तू यह ना सोच की यह बातें सिर्फ इंसानों में होती हैं,

हमें भी यह बातें बहुत सताती हैं।

कितने मतलबी हैं लोग यहाँ,

मतलब निकलते ही रिश्ते के साथ-साथ रास्ते भी बदल लेते हैं।

तंग आकर ज़िंदगी का रवैय्योंसे, मैंने कहा जिंदगी से,

चलो कुछ वक्त के लिए ही सही जगह बदल लेते हैं

अपनी अपनी, पता चले तुझे भी,

कैसे लगता है जब,

किसी से खिलवाड करते हो तुम।

किसी ने हमसे पूछा कि सच्चा प्यार होता है क्या?

मैं सोच में डूबा रहा.

तो यार मेरा बोल बैठा

"प्यारे, सच्चा प्यार वही होता है

जिसके जुदाई के ग़म में आँसूओं के साथ-साथ

दिल का धड़कना भी थम जाए।

रेशम से भी मुलायम होते हैं यह रिश्ते,

नरमी से पेश आया करो,

क्योंकि सख्त हाथों से टूट जाते हैं यह, धागे,

फिर कभी जुड़ने से नहीं जुड़ते यह रिश्तें।

तुम्हें लग रहा है कि मुझसे बहुत दूर भाग सकते हो,

कोशिश करना, एक दिन, यह ग़लतफ़हमी भी दूर हो जाएगी तुम्हारी।

वो अपनी खुशियों से मुझे जलाना चाहते हैं,

वो क्या जाने जिसकी हर खुशियां

अपनी आंखों के सामने जलकर खाक हो गई हो

उसे अब खुशियों से क्या वास्ता हो भला?

मांग तो फ़कीर भी लेता है,

दुआओं के बदले,

एक सिक्का ही तो देते हो,

फिर भी सौ सिक्कों की आवाज़ करते हो,

देख लो दाता को वह सब कुछ अपना दे देता है

एक दुआ के बदले, किसी को कानो कान खबर नहीं होती की

किसे कितना दे जाता है वो

उम्र की बहुत लिहाज़ करते हैं हम,

इसका मतलब यह तो नहीं कि कोई कुछ भी कह जाए हमसे

और हम चुप रह जाएं,

हम तो उम्र के साथ-साथ उसके कह गई हर लब्ज़ को भी तोल लेते हैं।

एक बार दर्पण से कहा हमने कितने छुपे रुस्तम हो तुम,

हाल तो मेरा जान जाते हो और अपना सब कुछ छुपा लेते हो,

क्या मैं तुम्हारा सच्चा दोस्त नहीं,

फिर मुझसे क्यों अपने आपको छुपाया करते हो

दर्पण ने फिर मुझसे कहा,

एक मैं ही हूँ जो तुम्हें तुम्हारा सच्चा हाल बयाँ करता हूँ,

चाहे कितना भी हाल बुरा हो तुम्हारा, सब कुछ गौर से देखते हुए

तुम्हें मुझ में समेट लेता हूँ

एक मैं ही हूँ जो खुलके हंसता हूँ यहाँ,

लोग तो खुलके हंसने की तालीम ले रहे हैं यहाँ।

कितनी गहराई हैं उनकी नैय्या में,

यह मैं ही जानता हूँ,

देखा है मैंने लाखों को उनके नय्या में डूबते हुए,

मगर आज तक किसी को तैर कर किनारे आते हुए नहीं देखा है हमने।

ऐ ज़िंदगी एक गुजारिश है तुमसे,

मेरे ज़ख्मोंको को यूँ ही रहने देना,

क्योंकि देखा है मैंने तुम्हें भरते ज़ख्मोंको अक्सर कुरेदते हुए।

ज़रा सी खिलवाड क्या कर दी ऊपर वालें ने ख्वाबों से मेरे,

मल -मल के बिस्तर पर भी सुकून से नहीं सो पा रहे थे हम,

उसने ख्वाबों को फिर से सजने की इशारा क्या किया,

फर्श पर भी सुकून से सोए जा रहे हैं हम।

हर सवाल का जवाब हो यह ज़रूरी नहीं,

कुछ सवाल का जवाब खामोशी होती है।

हर टुटा हुआ आईना आवाज कर जाए ऐसी कोई बात नहीं,

कुछ आईना टूटकर बिखर जाते हैं

और उनकी आहट की गूंज भी सुनाई नहीं देती।

दिल को उनके खातिर इस कदर जला लिया हमने,

पता ना चला कब इसके चराग बुझ गए,

पता तो तब चला

जब इसके राख से गुजरते हुए पैरों के उसके निशान को देखा मैंने

भले ही राख की कोई आँखे नहीं होती,

उसकी हाथों की चढ़ती मेहंदी की रंग देखकर वो भी बरसने लगी।

दुआओं में जो बात है,

लाख दवा के बोतल में हैं कहाँ,

एक दुआ क्या मांग ली उसने,

सारी दवा के असर को पीछे छोड़ दिया उसने।

ज़खमों से मेरे लहू नहीं बहा,

इसका मतलब यही है कि किसी अपने ने बहुत गहरा घाव दिया है।

मुझे बनाने की खातिर,

अपना सब कुछ लूटा देता है,

ऐसा पागल बाप है मेरा

मुझे बड़ा बनाने की खातिर कितना छोटा बन जाता है वो,

यह उसे पता ही नहीं होता।

क्यों होता है यह बाप ऐसा,

जो मेरे तकदीर के लकीर को बनाने की खातिर,

खुद की हाथों की लकीर मिटा देता है वो।

देखा है हर किसी ने ज़मीन पर काटों के पौधे को उगते हुए,

जिन पर गलती से पैर रखने पर चुभ जाते हैं,

थोड़ा सा खून भी बह जाता है,

मरहम लगाने पर ज़ख्म भर भी जाता है

इसका दर्द तो बस बदन तक ही सीमित रह जाता है,

इन्सान के जुबान पर उगते हुए काटों के पौधों को देखा है मैने,

जो तन के हर हिस्से को पार कर जाने के

साथ-साथ मन को भी नहीं बक्शाता

जितना भी चाहे मरहम कर लो, लहू तो ज़िंदगी भर बहता रहता है।

हम कहाँ किसी के दिल में यादगार बन के रहना चाहते हैं,

वो तो सिर्फ एक कोशिश थी उन्हें खुश रखने की,

जिसे वो गलत समझ बैठे।

ग़लतफहमी है तुम्हारा,

कि यह ज़खम अभी भरे नहीं,

वो तो हमने ही उन्हें जान बुझकर भरने नहीं दिया

ताकि उनकी यादें बनी रहे दिल में मेरे, हमेशा के लिए।

लोग दस्तक देते हैं दरवाजे पर,

और जाते - जाते दिल को दर्द दे जाते हैं।

दवाओं में बहुत भरोसा कर लिया,

कभी दुआओं में भी यकीन कर लिया करो,

क्योंकि जब दवाएँ अपना रास्ता बदल लेती हैं

तब दुआ ही कामआती है।

वो साथ होकर भी साथ ना थी मेरी,

वो पास होकर भी पास ना थी मेरी,

एक हकीकत थी इस में कि मैंने सच्चा प्यार किया था उसे,

एक और हकीकत थी इसमें कि उसने प्यार के नाम धोखा किया था मुझसे

ज़िंदगी, अब लग रहा है मुझे,

कि तुमने मुझे सताने का ठेका ले बैठे हो।

एक पहेली सुलझती नही तब तक दूसरी ला खड़े करते हो सामने मेरे।

किसी को तड़पाने में बहुत मज़ा लिया करते हो,

कोई बात नहीं,

जब खुद को तड़पना पड़े

तब भी उतना ही मज़ा लेने की आदत डाला करो,

क्यों कि वक्त बदलते देर नहीं लगती।

बहुत गौर से देखा है मैंने घर को तुम्हारे,

बहुत कमरे हैं मकान में तुम्हारे,

तुम कहाँ रहते हो यह बताओ मुझे,

क्योंकि किसी कमरे में नज़र नहीं आती हो तुम।

तुम कहाँ इन हाथों की लकीरों की बाते लिए बैठे हो।

तुम क्या जानो इनके राज़.

बंद मुट्ठी में एक-दूसरे से बहुत कुछ बोलती हैं यह रेखाएँ,

मुट्ठी खोल लो तो एक दूसरे से अंजान सा बरताव करती हैं यह।

इनकी बातों में कभी ना आओ तुम,

तुम्हें बहला के खुद हँसते रहते हैं यह।

हँसाने के साथ-साथ रूलाने का भी शौक रखते हैं हम,

ना जाने कब किस पर कौन सा शौक आज़माना पड़े।

ऐ ज़िंदगी ज़खम देना तेरा पेशा हो गया है,

थोडी फुर्सत निकालकर मरहम भी लगाया करो,

आराम लगेगा दिल को मेरी।

ऐ ज़िंदगी खुदा ने अगर हमें हम उम्र बनाया होता तो
कितना अच्छा होता,

ना जाने किस बात ने उसे रोखा

हम उम्र होते तो वक्त साथ साथ बिताते,

गुफ्तगू भी होता कुछ ऐसा कि दोनों की एक अलग कहानी बन जाती।

यह नहीं कहता मैं कम उम्र बनाकर गुनाह किया है उसने,

जानता हूँ कुछ वजह जरूर है जो सिर्फ वही जाने।

चलो हम उम्र नहीं,

कम उम्र बनाया तो क्या हुआ,

जितने भी दी हैं कुछ बन जाने के लिए काफ़ी हैं।

कौन कहता है खामोशियाँ कुछ नहीं कहतीं,

सुन लो गौर से उन्हें,

बीते हुई पल-पल की कहानियाँ चुपके से सुनाती हैं वो।

दर्द सहना,

अब मजबूरी नहीं,

एक आदत सी बन गई है मेरी

अब दर्द के बिना ज़िंदगी,

ज़िंदगी नहीं रहेगी। हर दर्द को बड़े प्यार से अपना लेते हैं हम।

मेरे इस अपनेपन से वो भी मजबूर हो जाता है,

और जाते-जाते हर एक ग़म के बदले ख़ुशी दे जाता है वो मुझे।

चंद सिक्कों के लिये लोग इतने बदल जाते हैं यह मालूम ना था,

बेजान थे वो, फिर भी मुझसे ज्यादा बोल गए।

मौत भी मेरे हालात पर तरस खा कर रुक गया है,

वो भी हैरान हैं कि महोब्बत में आशिकी का कत्ल किए जा रहे हैं,

खुद पे कही इल्ज़ाम ना लग जाए कत्ल की,

इसीलिए मौत खुद अपनी बारी का इंतज़ार में खड़ी है।

ऐ ग़म थोड़ी फुर्सत से आया करो,

अभी आसूँ सूखे नहीं कि तुम फिर से चले आये।

मालूम है मुझे कि अकेलेपन अच्छा नहीं।

फिर भी तुमने अपना ग़म

छुपाने के लिए मुझे ही क्यों अपने सीने से लगा लिया।

तुम्हारी यह खामोशी मुझे यह बता रही

मुझसे कि, तुम्हे भी तुम्हारे अपनों ने ही रुलाया है बहुत।

आईना एक बार टूट जाए,

उसके जुड़ने के बाद दरारे साफ नजर आते हैं उसमें,

दिल का भी कुछ ऐसा ही मामला है।

तुम ऐसे ना देखा करो मुझे,

बीमार सा हो जाता हूँ मैं, तुम्हारे प्यार में।

किसी ने पूछा हमसे,

दिल की सौदा करने वाले अगर प्यार,

महोब्बत की पाठ पढ़ाने लगे तो कैसे लगे,

हमने कहा जैसे पानी में छुपा मगरमच्छ कहता हो तैरना

सेहत के लिए अच्छा है।

तुम क्या जानो अईनों की बात,

बड़े बदसूरत होते हैं यह,

तुम्हारी सुंदरता से अपने आप को दिखा कर खुद की

सुंदरता को जताना चाहते हैं यह।

आईने से पूछो क्या मिला उसे सच बोलकर,

वो भी अकेला रहा और मै भी तन्हा रहा।

सस्ती चीज़ों और सस्ते लोगों को हम अक्सर भूल जाते हैं।

दिल की जिद़ को देखकर हम,

आँखों को समझाने निकल पड़े,

हमें कहाँ मालूम था,

यह पहले ही उसका गुलाम बना बैठा है।

सज़ा तो कट जाएगी,

पर सज़ा देनेवाले की रात कैसे कटेगी यह तो बतादो मुझे।

अजीब रिश्ता हैं दिल का और आंखों का,

कोई यह समझाए हमें,

यादें तो दिल में बसती है

किसी की याद आई तो पहले आँखें क्यों बरसती हैं।

कोई साथ नहीं देता यहाँ,

बस साथ होने का एहसास ज़रूर दिलाता है,

वरना ज़िंदगी का क्या मजाल कि वो हमसे इस तरह से खेले।

ऐ ज़िंदगी तू भी इन दुनियावालों जैसा बेवफा निकली,

जो मुश्किल घड़ियों में साथ मेरा छोड़कर दूर खड़ा तमाशा देखती रही

अगर मुझे पहले ही पता होता तू बेवफा है,

तो तुझसे दिल ना लगाता अगर सच में तुझे मुझसे प्यार होता,

तू भी साथ मिलकर मेरे, दो हात मौत से लड़ लेती

तुझसे वफ़ादार तो मौत निकला जो दुश्मनी भी पूरी दिल से निभाई।

दूर से हो या पास आकर दो बातें तो किया करो हमसे,

ताकि हमें यह एहसास तो रहे कि हम अभी ज़िंदा हैं।

कोशिश तो बहुत की थी हमने,

ना रोने की ज़िंदगी बहुत ज़िद्दी

निकली, जो रुलाया बिना नहीं रही।

कम्बख्त यह रास्ते भी,

रिश्ते जैसे हो गये है,

कब कहाँ किस मुकाम पर ला खड़े करते कुछ पता ही नहीं चल रहा।

इन्सानों से यह कांटे ही बेहतर हैं,

जो एक बार चुभकर खामोश हो जाते हैं,

इन्सान तो बस जिंदगी भर चुभते रहता रहते है,

फिर भी दिल नहीं भरता उसका।

इन्सानी रिश्तों को देखा है मैंने,

एक सिक्का क्या उछाला सारे रिश्ते सिक्के के साथ उड़ गए।

ऐ ज़िंदगी तूने खूब सिखाया मुझे,

यह दुआ मांगता हूँ कि तुझे भी सबक सिखाने वाला मिल जाए कभी।

मसरूफ तो हर कोई है यहाँ,

पर इतना भी नहीं कि बुरे वक्त में

अपने दोस्त के कंधे पे हाथ रख कर चार कदम ना चल सके।

जले पे नमक छिड़क कर मज़ा ना ले ऐ ज़िंदगी,

मौत से दोस्ती कर तुमसे बदला लेना सीखा है मैने।

किसी भले की ख़ातिर झुक जाना हो तो झुक जाओ,

पर इतना भी ना झुको कि अपने पैरों पर फिर से खड़े न हो पाओ।

ऐ ज़िंदगी तूने मुझे दुश्मनों के सामने मुँह के बल गिराकर

अच्छा नहीं किया,

पीठ के बल गिरा देते तो उनसे लड़ लेता,

उन्हें मेरे पीठ पर खंजर से वार करने का मौका तो नहीं मिलता।

ख्वाब, ख्वाहिश और ज़िद की कोई सीमा नहीं होती,

उन्हें लांघकर निकल आना हकीकत की शुरुआत है।

सपनों की दुनिया से निकलकर हकीकत में जीना ज़रूरी है,

क्यों कि सपने तो देखने के लिए अच्छे होते हैं

और हकीकत जीने के लिए ज़रूरी हैं

क्यों की हकीकत वो कड़वी गुट्टी है

जो ज़िंदगी का हर सबक सिखा देती है।

दिल और ज़ुबान की दरमिया फासले कितने कम है,

फिर भी ना जाने क्यों

दिल की बातें ज़ुबान तक आते - आते सदियाँ बीत जाती हैं

दिल है कि उन्हें अपने हद में रखा है,

वरना इन आँखों की मस्ती को देखो,

वो तो किसी भी हद पार कर जाने की इंतज़ार में बैठे हैं।

दिल की रजामंद की बजाय

क्या किसी से आँखे लड़ना अच्छी बात है ?

आज मेरे आँखों ने फिर मुझे धोखा दिया,

बिना दिल की इज़ाजत किसी से आँखे लड़ बैठे,

नतीजा यह हुआ कि बंद कमरे में रात भर आँसू बहाते रहे,

ना खुद सोये, ना मुझे सोने दिया।

खुली आँखों से हर कोई नज़ारा देखता है,

कभी आँखें बंद करके देखलेना,

दुनिया की हर नज़ारा

आईने कि तरह साफ उतर आएगी सामने तेरे।

आँखें तो बनी हैं तुम्हें मुस्कुराते हुए देखने के लिए,

तुम इन्हें रुलाने की गुनाह क्यों कर रही हो ?

साथ देने का अहसास दिलाकर साथ छोड गया वो,

सोचता था मुकद्दर लिख दूँ, उसका,

वो भी साथ ले गया वो।

गुलदस्ते में छुपे कांटे तो अहसान फरामोश होते ही हैं

जो बेवक्त चुब जाते हैं, एक बात यह भी तो हैं,

उनके बिना गुलदस्ते, गुलदस्ते नहीं लगते।

ज़िंदगी से बहुत शिकायतें हैं मेरी,

समझ में नहीं आ रहा कहाँ से शुरू करूँ,

इसीलिये शिक़ायत करना छोड़ दिया है मैंने।

किसी ने पूछा हमसे नीयत और वसीयत के बारे में

क्या खयाल हैं तुम्हारा,

हमने कहा, वसीयत देखकर किसी की नीयत बदल जाती है

और किसी की नीयत देखकर वसीयत को बदल दिया जातेहै।

यह रास्ते तो बहुत दूर जाते हैं,

तुम कितना दूर साथ चलना चाहते हो यह बताओ मुझे।

कभी-कभी मुस्कुराया भी करो यार मेरे,

रोना तो ज़िंदगी भर का है.

तुम्हारी वो शरारत भरी बातें,

बेवजह मुस्कुराना, हंसना,

हंसाना, कैसे भूला पाएंगे हम।

क्या किसी से प्यार करना,

अपना बनाना, गुनाह हैं?

फिर इतनी बड़ी सज़ा क्यों?

अब बर्दाश्त नहीं हो रहा,

ज़िंदगी से कह दो ना यार,

कि वो हमसे भी अलविदा कह दे,

अब तुम्हारे बिना जी नही लग रहा है यहाँ।

ऐसी कोई बात नहीं है कि मौत का इल्म नहीं हैं हमें,

मौत का हर एक पन्ने को गुट्टी की तरह पी चुके हैं हम,

इस बात से मौत भी बेख़बर नहीं हैं

कुछ अधूरे ख्वाबों को अपने दिल में दफन किए चले जा रहा हूँ,

दफनाई हुई चीजों को हवा नहीं दिया जाता,

इसलिए उन गलियों से होकर गुजरना छोड़ दिया है हमने,

ज़िंदगी अब हमें इतनी दूर ले आए हो,

तो एक और मेहरबानी करना हम पर,

जाते जाते इन ख्वाबों को मौत के हवाले कर जाना,

कि मेरे कबर में वो सलामत रहे,

वरना ऐसा ना हो कही, चलती हवा से उसमें छुपी चिंगारी भड़क जाए,

जिसे तुम संभाल ना पाओ।

अगर तोड़ना ही है, तो इस कदर तोड़ दो

कि फिर से जुड़ ना जाऊँ कभी,

युँ बार-बार जोड़ कर तोड़ने की सबब अच्छी नहीं होतीं।

देखो ज़िंदगी को, कितना शोर मचाती

हुए आती है, जिसे मौत दबे पांव ले जाती है ।

तप्ती धूप मे, बरसती अंगारों से,

खुद को जला लेता है वो,

उन अंगारों से निकलती हुई चिंगारीयों में,

सेंक कर निकलती हुई रोटी को अपने परिवार में बांट देता है वो।

यूँ ही ना खोने देना तुम उन्हें अपनी ज़िंदगी से,

कहीं ऐसा ना हो कि आँखें तुम्हारी तरसती रह जाए

उन्हें देखने के लिए, पर वो कहीं नज़र ना आए तुम्हें।

लाख कांटे बिछा दो राह में मेरे,

कुछ असर नही होगा मुझपर,

हम तो पहले से ही इतनी ज़ख़्मी हुए हैं,

चार बूँद लहू और बहनेसे क्या होगा?

रात भर अश्क बहाते दिन का इंतज़ार करते रहे हम,

यह दिन है की रात से रूठकर बैठा है कही।

दोस्त तो बहुत मिल जायेंगे तुम्हें

मुझ जैसा पागल कोई और नहीं मिलेगा,

चाहे तो आजमाकर देख लेना किसी और को,

मतलब निकलते ही दूर हो जाएंगे वो सारे तुमसे,

एक हम ही हैं बस दोस्ती निभाते हैं और कुछ नहीं।

आज कल तो इन्सानों के दिल शहर के ऊंची इमारतों जैसे हो चले हैं,

जो हर किसी को नीचा दिखाने में लगे हैं।

नफरत की आग की चद्दर को इस कदर

ओढ़ के बैठी हैं ज़िन्दगी,

खुद की मंज़िलों को भी राख बनाई बैठी है ,

ऐसी ज़िन्दगी को क्या कहे हम ,दुआ या बद्दुआ

ज़िन्दगी थोड़ा धीरे से चलना ज़रा,

दो घडी मुझे तुझसे बातें करने दे,

पिछले कुछ हिसाब भी लेने हैं तुझसे मुझे,

तू तो इस कदर जोर से भागा जा रहा हैं मुझसे,

जैसे कोई गलती हुई हो तुझसे,

खुद से छुप छुप के भाग रहे हो इतनी दूर तुम,

कही ऐसा तो नहीं तूने कुछ गलत किया हैं साथ मेरे।

जीना किसे कहते यह जाने बगैर जीते गए हम,

जब जान गए तब साँसे लेना भूल गए हम।

बहुत जान पहचान वाले मिल जाते हैं रोज़ हमें,

पर ऐसा बीमार न हो जाते हम कभी,

एक यह क्या मिल गए हमें,

हम बीमार सा रहने लगे,बात तो छोटी नहीं थी,

सोचने वाली थी,

फिर पता चला हमें,

वह कोई और नहीं थी,

उस पहचान में जान थी मेरी।

गाँव की किस गली मोहल्ले से होकर गुज़र रहे है हम,

इस बात तक की खबर रखते थे वो,

आज सामने से भी हम गुज़र जाए उनके,

बेखबर रहते हैं वो।

उसमें और मेरी यादों में एक ही बात हैं,

दोनों भुलाकर भी नहीं भूल सकते,

रातों में और मेरी तन्हाईयो में एक ही बात हैं,

दोनों रोते हैं एक दूसरे से छुपते -छुपते ।

थोडा सा प्यार ही तो मांगा था तुमसे हमने,

तूम तो इस कदर रूठ गई हम से,

जैसे कोई जायदाद से हिस्सा मांग लिया हो ।

कितना भरोसा था मुझे तुम पर की आखरी तक साथ दोगे तुम मेरा,

तुम क्या साथ छोड़ गई साँसे भी साथ देना भूल गये ।

जब जब साँस लेता हूँ मैं,

एक चुबन सी होती हैं दिल में मेरे,

शिकायत नहीं हैं हमें उसकी,

क्योंकि वह किसी की याद दिलाती रहते हैं हमें।

किसी को इस कदर दिल लगा कर छोड़ देना,

कहाँ से सीखा हैं तुमने,

हम तो तुम्हें अपना समझ कर जान से भी ज्यादा चाहने लगे,

एक तुम हो की हमें भुलाने की कोशिश में लगे हो।

जलन होती हैं हमें,

जब हम देखते उन्हें किसी और से हसते मुस्कुराते बातें करते हुए,

जो जी जान से प्यार करता हैं किसी को,

पूछ लो उसे कैसा लगता है।

हम जिससे रूठ जाते हैं उसकी किस्मत ही टूट जाती है,

इसलिए कहते हैं हम,

हमसे रूठने से पहले लाख बार सोचा करो ।

दुनिया क्या सोचेगी यह सोच कर परेशान न हो तू कभी,

क्यों की इससे दुनिया का तो कुछ नहीं जाएगा,

पर तुम्हारा बहुत कुछ खो जाएगा ।

कुछ लोगों को देखा हैं हमने,

ना खुद जीते हैं ना औरों को जीने देते हैं,

लगता हैं हमें वे औरों को जलाने के लिए बने हैं ।

दिल तो मेरा कब्र हैं,

जिसमे जो चाहे दफ़न करता हूँ मैं,

कम्बख्त, एक आप ही का नाम है,

जिसे चाहकर भी आज तक दफ़न ना कर सका।

जब लोग कहते हैं वे अपने हैं,

मैं बहुत घबरा जाता हूँ,

क्यों की मैं जानता हूँ,

वो अपने ही तो होते हैं,

जो सबसे ज्यादा ज़ख्म दे जाते हैं।

महफ़िल में ढूँढ रहे थे हम किसी अपने को,

जान कर हैरान थे हम,

यहाँ तो सब गैर थे,

एक हम ही थे जो अपने थे।

कुछ लोग तो मुझे ज़हर को अमृत कहके पिला बैठे,

एक वक़्त ही तो था जो अमृत का प्याला मुझे थमाए खुद ज़हर पी बैठा।

सूखे हुए पत्तोंको बिछड़ने से,

चाहकर भी पौधा नहीं रोक सकता,

तो मैं उन लोगों की क्या बात करूँ,

जो अपना होकर भी अपने थे ही नहीं,

गिरगिट कि तरह रंग बदलनेवालों से अब हमें क्या लेना,

जो यारी का मतलब न समझे वो यार कैसे अपना।

कुछ पल के लिए क्या दूर हुए हम,

वो झूमने लगे औरों के संग,

भूल गए वो यारों की यारी,

गैरों के हर प्याले के संग।

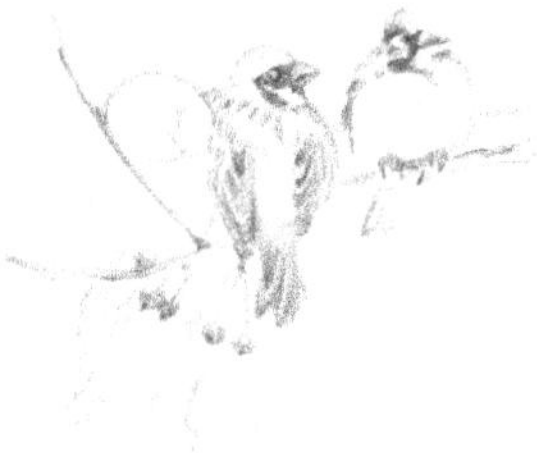

सुलगती चिंगारी से कभी औरों के घर को जलते देखे हैं हमने,

कभी कभी अपनों कि चिताएं जलाते हुए भी देखा हैं हमने,

गुरूर नहीं हमें किसी बात की,

इसी चिता से हमें गुजर जाना हैं,

गुरूर हैं हमें इस बात की " हम इस मिट्ठी के रखवाले हैं"।

मैंने अक्सर लोगों को यह कहते सुना हैं,

"समझदार को इशारा काफी हैं,"

कोई मुझे यह बताए,

आदमी अगर समझदार हो,

तो उसे इशारों की क्या जरूरत है?

कभी कभी मैं दंग रह जाता हूँ ऐसी कुछ बातों से,

कही यह नासमझी में कह गयी बात तो नहीं?

ऐसे में अक्सर सोचने पर मज़बूर हो जाता हूँ।

इशारों से समझ जाए वो कैसे समझदार,

नासमझ को भी इशारा कर के देख लो,

वो भी बहुत कुछ समझ जाता है।

वक़्त भी भिड़ गया मुझसे

इसी बात पर इशारों से लोग समझदार बनने लगे

तो मेरा यहाँ क्या काम,

बात कुछ बन जाए तो खुद की समझदारी,

ना बन जाए तो मेरी खातिरदारी।

जलने के लिए चिंगारी की ज़रुरत होती है ऐ मालिक,

हम तो बिना चिंगारी के घरों को यूँ ही जलते देखा है।

चाय ही तो पी ली थी जनाब हमने और सांझ ढल गया,

कम्बक्त पैर लड़खड़ा गये हमारे और वक़्त बदनाम हुआ।

दर्द को अपनी,

यूँ खुले आम बयान ना किया करो,

बहुतों को देखा हैं हमने,

जिनके आसूँओं में पानी कम और नमक ज्यादा हुआ करता है।

आपकी चाहत में हम तो अपनी पूरी ज़िन्दगी निछावर कर बैठे,

आप तो उसे अपने पैरों तले रौंद कर कबर मेरा बना के चल बैठे।

कौन कहता हैं साथ चलने के लिए पैरों की ज़रुरत होती हैं,

वक़्त भी तो साथ चलता है मेरा,

जो बिना पैर चला करता है ।

किसी ने हमें पूछ लिया हाथ और साथ में क्या फर्क है,

हमने कहा, कोई साथ देने केलिए हाथ बढ़ाता हैं,

और कोई हाथ देने के लिए साथ ।

बाग़ में कुछ करने की तमन्ना दिल में लिए निकल पड़े हम,

सोचा न था कुछ ऐसे लोगों से बनजाएगा रिश्ता हमारा

कुछ वक़्त साथ गुज़ारते-गुज़ारते पता चला,

वो तो खून के रिश्तेदार हैं मेरा,

हमने भी उनसे खूब अपने यारी निभाई,

दिल की तमन्ना जो पूरी करनी थी हमें,

खुश थे हम कुछ अच्छा कर पाए,

बगीचा भी कुछ और सुन्दर दिखने लगा,

कुछ पाने के लिए कुछ खोना होता है,

इसीलिए तो हमने अपनी बगीचा की सुंदरता के लिए

कुछ अपना खून उन्हें दान में दे आए

दरियाँ दिल जो ठहरा हमारा,

हर किसी को समा लेते हैं हम इसमें,

ये तो फिर भी एक छोटा सा मच्छर था

जिससे रिश्तेदारी निभाना कोई मुश्किल न था हमें ।

हम तो दोष न दे किसी को,
वो तो नादान हैं,
ज़िंदगी इस हद्द तक ज़ालिम बन गई,
खुद की तलाश में अपनापन कब भुला बैठा उसे पता ही न चला।

जाते हैं कहाँ,
राह तो उनका पता नहीं, फिर भी कही जाते हैं
ज़रूर, जाते हैं इस कदर,
जैसा गुज़रा हुआ पल की तरह,
जिसका जिंदगी भर इंतज़ार किया,
पर कभी लौट नहीं आए वो
लाख पलखे बिछाए राह देखते रहे हम उनके,
वो कभी लौटकर ना आये,
पता नहीं यह दिल क्यों इतना बेकरार था,
वापसी का उनका इंतज़ार में,
खुद चल पढा वही राह,
जिस राह का वापसी का कोई पता न था।

पड़ी नज़र मेरी खाली खुर्सियों पर,

जहाँ मेरी माँ बैठा करती थी कभी,

जन्नत थी वह जगह मेरे लिए,

जब सर रख देता कभी,

तो सारे जहाँ की सुकून मिल जाता था हमें,

अब तो ये बेजान बने बैठे हैं कैसे,

लगता है मुझसे ज्यादा ये उन के लिए तरस रहे हो ।

कितनी नादान हैं यह आँखें मेरी,

आसानी से धोखा खा जाती हैं लोगों को जानने में,

इसीलिये बंद आँखों से परखता हूँ मैं

लोगों को,

क्यों की खुली आँखों से बहुत कुछ अनदेखा करता हूँ मैं ।

हम वही दफ़न हो गए,

जहाँ तुम हमें छोडकर चले गए थे,

पुकार कर देखना एक बार तुम नाम मेरा,

ज़मीन से आहटे सुनायी देगी तुम्हें,

तुम छोड गये,

जीने में कुछ मजा नहीं था,

अकेले जीना मेरे बस में नहीं था।

खामोशियों के साथ छोड कर मेरी सारी खुशियाँ ले जाओ तुम,

एक वही हैं जो साथ मेरे और इन दीवारों के बीच रहना पसंद करते हैं,

शायद इन दिवारों को भी

शहनायियों के गूँज से अब नफ़रत होने लगी है,

कितना अच्छा लगता है मेरे,

खामोशियों के और इन दिवारों के बीच कोई नहीं है,

एक दूसरे को अच्छी तरह से समझ गए हैं हम,

तुम फिर लौट आने की कोशिश ना करना,

हम नही चाहते हमारी दुनिया फिर से उजड़ न जाये कही ।

तस्वीरों से दिल्लगी अच्छी नहीं,

बेजान हो कर भी जान लेने की तरीका ढूंढ लेते हैं वो ।

सपने तो शीशे नहीं होते,

फिर भी टूटकर बिखर जाते हैं।

पेढ, पौधे जब तक फल, फूल देते हैं

तब तक इन्सान उन्हें संभालता है,

जब वही पौधा,

फल फूल देना बंद कर देते हैं तब उन्हें तोड़ कर फेंक देता है,

आज कल इन्सानी रिश्तों का भी कुछ ऐसा ही हाल है।

एक ख्वाब सजा रहा हूँ यह मालूम होते हुए,

कि एक दिन टूट जाना है उसे,

मैं अच्छी तरह से वाकिफ हूँ

इस बात से ऐ ज़िंदगी,

तुम्हें ख्वाबों को, मेरे टूटने पर बड़ा मज़ा आता है,

उम्र भर हर बात तुम्हारी मानता आया हूँ मैं,

अब ज़रा दिल की एक बात मुझे सुनने दो,

मैं भी कुछ कम ज़िद्दी नहीं हूँ

तुम से तुम भी इस बात को अच्छी तरह से वाकीफ हो,

चाहे कितनी बार तुम तोड़ो दिल के ख्वाबों को मेरे,

मैं उन्हें फिर से सजाने में लग जाऊँगा।

खुशियाँ कम,

और गम ज्यादा हैं ज़िंदगी में मेरे,

फिर भी खुश हूँ मैं,

क्योंकि खुशियों का अहमियत जानता हूँ मैं,

खुशियाँ कम,

और गम ज्यादा हैं ज़िंदगी में मेरे,

फिर भी खुश हूँ मैं,

क्यों कि गमों का भी अहमियत को जानता हूँ मैं,

खुशियाँ कम,

गम ज्यादा है ज़िंदगी में मेरे,

फिर भी खुश हूँ मैं,

क्यों कि ज़िंदगी का अहमियत को जानता हूँ मैं,

खुशियाँ कम,

और गम ज्यादा हैं ज़िंदगी में मेरे,

फिर भी खुश हूँ मैं,

क्यों कि ज़िंदगी का बदलते

हर रुख को जानता हूँ मैं

खुशियाँ कम,

और ग़म ज्यादा हैं ज़िंदगी में मेरे, फिर भी खुश हूँ मैं,

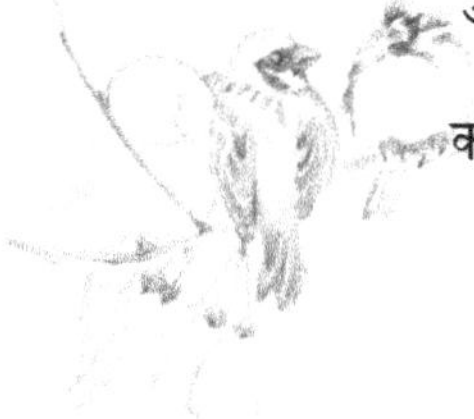

क्यों कि ज़िंदगी का बदलते सुरों से भी वाकिफ हूँ मैं।

खुशियों की हसरत होती है हसाने की,

गमों की हसरत होती है रुलाने की,

खुशियाँ कभी-कभी रुला भी देती है,

गमों को रूलाने कि अलावा कुछ आता ही नहीं।

निकले थे खुशियों के तलाश में,

राह में गम मिल गया,

कहा, क्या ढूँढ रहे हो प्यारे,

मैंने कहा खुशियों को,

उसने कहा, क्या हम इतने

गिरे हुए हैं कि, तुम हमसे नज़रें छुपाए फिरते हो,

ज़िंदगी ने हमें खुशियों के साथ -साथ बराबरी की हकदार बनाया है,

फिर तुम कौन होते हो जो हक हमाराछीना जा रहे हो,

जिस तरह खाने में नमक का इस्तेमाल होता है,

उसी तरह हमारी इस्तेमाल कर हमें फेंक देते हो,

हम नमक की तरह नमक हराम नहीं हैं

जो ज्यादा इस्तेमाल करने पर अपना रंग दिखाते,

हम अपने दायरे में रहकर अपना काम करते हैं,

हमें तो लोग बेवज़ह बदनाम करते रहते हैं,

लोगों का क्या?

उनका बस यही काम है।

बढ़ती उम्र की बातें क्या लिए बैठे हो,

कुछ प्यार महोब्बत की बातें भी किया करो,

मौत की सौदागरों की कमी है कहाँ,

वो तो छंद सिक्कों में निलाम होने बैठे हैं यहाँ।

ऐ मौत बेहतर है तुम अपनी औकात में रहो,

तुम तो सिर्फ जान लेना जानते हो,

देखो मेरे यार को वो तो मेरे लिए अपनी जान भी देता है

वक्त पढने पर दुश्मनों का जान भी लेता है।

सांसें तो बहुत ली हैं हमने,

पर जिए कहाँ हम,

अब कुछ पल चैन से जीने दो मुझे,

लोगों की ज़रूरतों ने सांसें बांट लिए मेरे बहुत,

अब हमारी कुछ ख्वाहिशें हैं बाकी,

उनके खातिर जीने दो मुझे।

किस्मत की बातें कहाँ लिए बैठे हो ऐ ज़िंदगी,

खुदा भी हिचकिचाता है उसे आजमाने से पहले।

यकीन मानो,

यकीन को भी पता चल गया,

कोई यकीन मानने वाली बात नहीं कहता यहाँ।

आज कल कुछ कम बोलने लगा हूँ मैं,

फिर भी लोग गलत समझ रहे हैं मुझे।

सदियों बिताने के ख्वाहिश लिए,

दिल में बस जाते हैं लोग यहाँ,

पल भर के मेहमान बनकर निकल जाते हैं।

उम्र की बातें कहाँ लिए बैठे हो ज़िंदगी,

सदियों जीने की बातें करने वालों को

पल भर में रुखसत देते हुए देखा है मैंने तुम्हे।

इक बूँद आसूँ माँ की याद मे,

जिसने अपनी औलाद की ख़ुशियों के खातिर

लाख आसुओं को अपनी पलकों में छुपाए उम्र भर मुस्कुराती रही।

कहॉ इन ऑसुओं को देख कर पिघले जा रहे हो तुम,

यह आँखे तो वही है,

जो कभी खून के प्यासे थे तुम्हारे,

बदलते वक्त के साथ इनकी हरकतें कुछ पल के लिए बदल गये है,

तुम यह ना सोचो कि इनकी नियत अच्छी हुई है।

देखो इन आँखों को,

कैसे वक्त के साथ आँख मिचौली खेलते हैं ये,

वक्त भी कभी-कभी इनकी हरकतों से परेशान रह जाता है।

वो सबको यही कहकर गुमराह कर रही है,

कि वो हमें कब का भुला चुकी है,

पर मेरी हिचकियाँ हकीकत बयान कर रही हैं।

दिल में छिपा के जहर,

होठों की लाली से शहद बिखेरती हो तुम,

होठों से तेरे लगे मधुमक्खियों को कहाँ पता,

दिल में तेरे उतरते ही, वही दफ़न हो जाएँगी वो।

क्या इतनी खूबसूरत होना जरूरी था,

कुछ कम खूबसूरत नहीं हो सकती थी तुम,

जब भी तुम्हें आजमाने की सोचता हूँ

तो पाने से ज्यादा तुम्हे खोने का डर सताता है हमें।

जब भी तुम्हें देखना चाहूँ,

हज़ारों नज़ारे तुम्हें मुझसे पहले देख लेते हैं,

इन्हीं नज़ारों ने मेरा जीना मुश्किल कर दिया है

बताओ तुम्हें पाकर हम जियें तो जियें कैसे।

रिश्तों को रिश्ते ही रहने दे तू,

उनके गहराईयों में ना जा,

जितना गहरे रिश्ते उतने गहरे ज़ख्म,

इसीलिए मैं फिर कहता हूँ,

रिश्तों को रिश्ते ही रहने दे।

अश्कों को पीकर,

होठों पर,

मुस्कुराहट लिए,

महफिल सजाते चले हैं हम ।

जिसका सेहरा ठीक सजाया ना हो,

उसकी ज़िंदगी,

सहरा बन जाने में वक्त नहीं लगता ।

लोगों ने कत्ल करने का आसान तरीका ढूंढ़ लिया है,

पहले दिल से लगा लेते हैं,

फिर उसे घुट-घुट कर मरने के लिए अकेले छोड़ देते हैं,

ना गवाह, ना वजह,

ना कातिल ना हथियार का पता ।

तुम घर से अकेले ही निकला ना करो,

साया भी मुड़-मुड़ कर देखते रूप को तुम्हारे ,

सहराती हुए देखा है मैंने ।

तू ठहरी नादान,

अपनी सादगी में निकल पड़ी,

साये से भी तुम्हारा ठकरा कर गिर ना जाऊँ बाहों में तेरी,

इसी ड़र से,

मैं भी दूर से ही तुम्हें देखता रहता हूँ ।

तुम्हारी पायल की छम छम,

हाथों की चूड़ियों की खन-खन,

कानों की बाली का ढोलना,

लगता है किसी गीत के बोल की संगीत सजा रही है ।

जो भी देखते हैं तुम्हें,

तुम बड़ी आसानी से अनदेखा करती हो उन्हे,

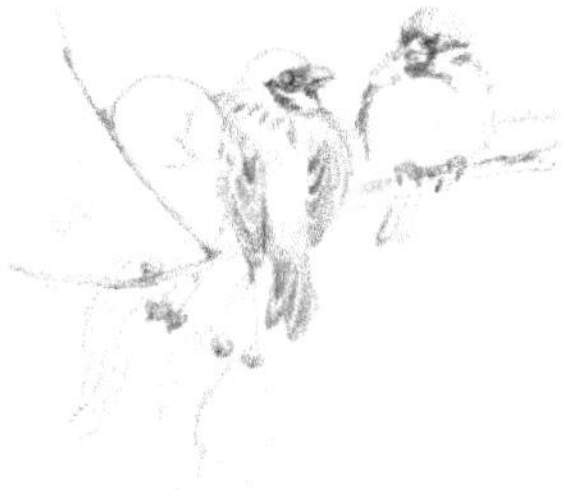

कहीं उन्हीं में एक नाम हमारा भी शामिल ना हो जाए,

इसी डर से तुम्हें छुप- छुप कर देखा करते हैं हम।

प्यार की हमारी किसी को कानोंकान खबर नहीं,

कहीं प्यार में तुम्हारा,

कब्र ना बन जाए मेरी,

जिससे बेवजह बदनामी   ना हो जाए तुम्हारी,

इसी वजह से तुमसे प्यार का इज़हार करने से भी डरते हैं हम।

दर्द ने दर्द दे कर कोई एहसान नहीं किया मुझ पर,

खुद का दर्द कम करने का अच्छा तरीका ढूंढ लिया है उसने।

ज़िंदगी को कोई बुज़दिल ना कहदे यह सोच कर

अच्छी तरकीब ढूंढ ली है उसने,

अपने सारे गम मेरे ज़ोली में डाल कर मुझे रुलाता है वो,

और खुद हंसते रहता ताकि ,

लोगों को यह लगे,

कि कितनी ताकतवर है वो,

चाहे कितनी भी बुरा वक्त आ जाए वो कभी झुकता नहीं,

सारे दर्द सहते हुए आगे बढ़ते जाता है वो ।

हंसते हुए खूबसूरत लगती हो तुम,

रूठते हुए और भी हसीन लगती हो तुम ।

तेरे बिना ज़िंदगी का मतलब,

शुरू होने से पहले ख़तम होना ।

रात और दिन तुम्हारे ही खयालों में खोए रहे हम,

ये खयाल किसी और की हकीकत कब बन गई पता ही ना चला हमें ।

सांस लेना ही अगर जिंदा रहना है,

तो तु भी सांस लेता होगा ऐ ज़िंदगी ज़िंदा रहने के लिए,

फिर तुझमें ऐसी क्या अलग बात है जो मुझमें नहीं,

क्योंकी जिंदा रहने के लिए तुझे भी तड़पता हुआ देखा है मैंने ।

प्यार, पहले अनपढ़ हुआ करता था,

आज कल पढ़ा लिखा है,

बहुत सोच समझकर फैसला लेता है वो।

तेरी जुदाई ने मुश्किल कर दिया है जीना मेरा,

मेरी आंखों के नमी से,

हमारे प्यार का भनक ना लगे इन महोब्बत के ज़ालिमों को,

इसी ड़र से तेरी याद में आसूओं को भी बहा नहीं सकता हूँ मैं,

इसीलिये आसुओं को बरसने से मना किया है हमने।

जान को जान की कीमत का पता है कहाँ,

इसलिए तो खुदखुशी कर लेता है वो,

प्यार को अगर प्यार की अहमियत ना मालूम

तो साथ जीने में क्या है मज़ा।

देखा है महोब्बत के कातिलों को,

दिल में, जान को मेरी तलाशते हुए,

इसीलिए हमने उसे अपनी नज़रों में कैद कर रखा है।

बरसात के बरसने में बहुत कम ही है जो उसकी मज़ा लेते हैं,

मेरी आंखें बरसे तो सारी दुनिया मज़ा लेती है।

जख्म अता कर मुझे,

वो यह सोचने लगे हैं कि,

मैं ज़िंदा बच नहीं पाऊँगा,

उन्हें कहाँ खबर ज़ख्मों से कितना प्यार है मुझे,

एक पल भी मुझसे जुदा होकर ज़िंदा नहीं रह पाते हैं वो,

मेरे बगैर उनका है कौन यहाँ,

ज़ख़्मों को कितना प्यार है हमसे,

इस बात से भी वाकीफ हैं हम,

मुझसे जुदा होकर जायेंगे तो कहाँ जाते वो,

हर पल यहीं सोच में रहते हैं वो कि मैं कही उनसे जुदा ना हो जाऊँ,

ऐसे में वो मेरे जान का क्या करेंगे,

उन्हें यह भी पता है ज़ख्मों की लाली से कितना प्यार है मुझे।

ऐसे में मैं नहीं चाहता कि उन्हें ज़ख्म अता कर इनसे मैं दूर हो जाऊँ,

अगर मैं हुक्म दे दूँ तो,

उसके वो हाल कर देंगे कि मैं कुछ बयान नहीं कर सकता,

ज़ख्मों को मेरे कही उनसे महोब्बत ना हो जाए,

इसी ड़र से उन्हे मैं उनसे दूर ही रहता हूँ।

ऐसा नहीं कि ज़ख्म तड़पाते हैं इन्सानों को,

साथ में वो भी तड़पते हैं उनसे जुदा होते हुए।

ऐ दोस्त, इतना भी गुरुर किया ना कर,

देखा है वक्त को, उसे अपनी पैरो तले रौंदते हुए।

इत्र मेजबान बना बैठा था महफिल में,

गुलदस्ते से फूलों ने खुशबू क्या बिखरने लगे,

इत्र दुम दबा के भाग खड़ा।

ज़ख्मों को मेरे फ़िर से ना जगाईयेगा,

उन्हे रात भर लोरी सुना कर सुलाया है मैंने।

दर्द को तावीज बनाकर पहन लिया है हमने,

अब दर्द का कोई औकात नही जो मुझ पर असर कर जाए।

हमने भी बहुत कोशिश की थी खुश रहने की,

गम अपना रंग भर गया।

अब इतना भी दर्द ना दे ऐ ज़िंदगी की मैं रो पड़ूँ,

कुछ तो शर्म करो, कभी कभी हंसाने के भी काम आया करो।

वक्त के साथ मिलकर मेरे सब्र का इम्तिहान ले रहे हो ज़िंदगी,

सोच लो ज़रा अगर मौत से मिलकर मैं तुम्हारा इम्तिहान लेने लगूँ,

तो क्या हाल होगा तुम्हारा।

इन्सानी रिश्तों को आसमान से गिरकर,

पहाड़ों से होते हुए, नदी के रास्ते,

गली मुहल्लों के नालियों से बहता देखा है मैंने,

जो सिर्फ कुचलकर चलने की लायक रह गए है।

ज़िंदगी भी देखो कितनी माहिर है,

वक्त के साथ मिलकर कैसा खिलावाड कर रही है साथ मेरे,

मैं जिस किसी को प्यार से अपना लेता हूँ,

उसे मुझसे दूरकर मेरा मज़ाक उड़ाते हैं वो,

इसीलिये मैंने भी ठान ली है उनको सबक सिखाने की,

हर किसी को उतना ही प्यार कर रहा हूँ मैं,

चाहे वो मेरे अपने हो या पराये,

अब यह प्यार मेरा ज़िंदगी और वक्त को भी परेशान किया जा रहा है।

ऐ ज़िंदगी ज़ालिमगी की हद होती है,

तूने तो सारे हदें पार कर दी है,

अब कोई तुझसे क्या सीख ले, बता तो दो ज़रा।

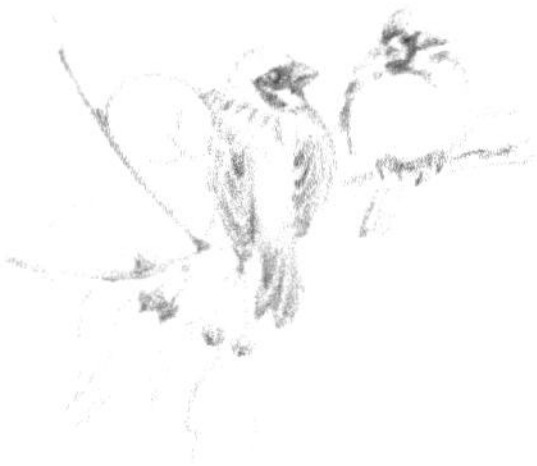

कोई तुमसे क्या उम्मीद रखे ऐ ज़िंदगी,

जब मैंने खुद तुम्हें बेसहारा होते हुए देखा है।

हैरान हूँ मैं इस बात से ज़िंदगी कि,

तूने कितनों के साथ चला है,

मगर अब तक तूने किसी को अपना सच्चा दोस्त नहीं बनाया,

अगर बना लिया होता,

तो आज वो तेरा हम उम्र होता।

शाई कलाम से लिखी हुई हर बात को,

आसानी से मीठा सकते हैं,

पर रूहानी कलाम से लिखी हुई बात मिटाना नामुमकिन है।

किस गलतफहमी में जी रहे हो तुम,

ज़िंदगी का अब पता क्यों पूछ रहे हो,

वो तो कब का तुम्हें मौत का हवाले कर,

कहीं दूर छुपा बैठा है।

आँखें तलवार तो नहीं,

तेज वार करते हैं ये,

आँखें किताबें तो नहीं

फिर भी हर एक दिल की राज़ को पढ़ा करते हैं ये।

वक़्त यूँ ही ज़ाया ना करो ज़िन्दगी में,

वरना वक़्त तुम्हें ज़ाया करने में देर नहीं लगाती।

सुकून की ज़िंदगी जीना चाहते हो

तो कभी माँ बाप के आँखों में आँसू न आने देना।

जो सबक वक्त सिखा नहीं पाया,

वो सारी सबक मुझे एक दोस्त सिखा गया।

ऐ ज़िंदगी एक सवाल करना था तुमसे,

बताओ तुम मुझे रुलाना कब बंद करोगे?

खून के रिश्ते निभाते- निभाते,

खून साफ हो गया है मेरा,

अब जो भी बचा कुछा है उसी से ज़िंदगी गुजारनी होगी मुझे।

बातें तो बहुत अच्छी करते हो,

उस में सबसे मीठी बात वो है तुम्हारी,

जिसमें ज़हर मिलाके करते हो,

जो सदियों में होने वाला काम,

पल भर में कर देती है।

आँसूओं का निकलना ही रोना नहीं होता मेरे भाई,

दिल भी रोता है मेरा,

बिना आँसू बहाए।

रिश्तों पर भरोसा है मुझे,

पर रिश्तेदारों पे नहीं,

क्योंकि रिश्ते तो वही हैं पर उन्हें निभानेवाले रिश्तेदार बदल जाते हैं

रिश्ते इस कदर सबक सिखा गए हमें,

कि हम कब शायर बन गए पता ही ना चला।

दर्द अपनी औकात में होता तो कितना अच्छा होता,

ना कोई हमदर्द ना कोई साथी की ज़रूरत होती।

दिल में उसी को पनाह देना,

जो तुम्हारे प्यार का कद्र करता हो,

वरना लोग दिल को बेजान धड़कने छोड़ जाते हैं।

वो अपने ही होते हैं,

जिनके दांत बहुत ज़हरीले होते हैं।

लाख आसूओं को बहाने के बाद एक पल हंसने की मिली थी मुझे,

ऐ ज़िंदगी उस पल के भी रंग उढाने में तुमने कोई कसर बाकी नही छोड़ी।

बहुत हुनर ना रखा करो एक ही काफी है होनहार बनने केलिए,

बहुतों से हो ना हो,

हार ज़रूर हो जाता है।

दर्द सहना अब मजबूरी नही एक आदत सी बन गई है मुझे,

अब दर्द के बिना ज़िंदगी,

ज़िंदगी नही लगता,

हर दर्द को बडे प्यार से अपना लेते है हम,

मेरे इस अपनापन से वो भी मजबूर हो जाता है

और जाते- जाते हर एक ग़म के बदले में मुझे खुशी दे जाता है।

चंद सिक्कों के लिए लोग इतने बदल जाते,

ये मालूम न था मुझे,

बेजान थे वो, फिर भी मुझसे ज्यादा बोल गये।

वो क्या जाने हम कितनी महोब्बत करते है उनसे,

आज भी कब्र से हम उनका नाम पुकारा करते है।

आसमान युँ ही नही बरसता,

उसे भी किसी कि याद आती होगी।

दौलत तो हर कोई कमा लेता है,

दोस्ती कमाकर देख लेना,

दुनिया कि हर दौलत फीकी पड जाती है उसके सामने।

ऐ ग़म फुरसत से आया करो,

अभी आँसू सुखे

नही कि तुम फिरसे चले आए,

मालूम है मुझे तुम्हे अकेलापन अच्छा नही लगता,

तुमने अपना गम छुपाने के लिए मुझे ही क्यों अपने सीने से लगा लिया,तुम्हारी

यह खामोशी यह बता रही है मुझे कि,

तुम्हे भी तुम्हारेअपनों ने रुलाया है बहुत

ऐ ग़म तुम तो कमाल का रुलाते हो,

जब तुम्हारी बारी आयी,

तो सीने में मेरे छुप जाते हो,

क्यों यह घबराना,

क्यो यह शर्माना,

मेरे सामने आकर रोया करो ज़रा

मुझे भी तो पता चले ग़ेम मे कितना रोया करे।

वक्त थोड़ा क्या बदल गया,

वक्त को ही दोषी मान रहे हो,

कितने अच्छे हो तुम,

यह बता दो हमें,

वक्त का देख लेंगे हम।

वक्त की गलियों से क्या कुछ साथ लाया नहीं हमने,

वो हँसीं,

कुछ यादें, और वो यादें जो कभी हमें रुलाया करती थीं।

वक्त तो है एक शागिर्द कातिल,

जो बेरहमी से पेश आए, यादों के बहाने,

इश्क की गली में बुलाकर मुझे,

मेरा कत्ल कर डाला।

ग़मों को बयान ना कर,

आँसूओं को छुपा लिए जा,

ना कोई तेरा यहाँ सुननेवाला,

ना कोई आँसू पोछने वाला,

हर कोई अपनी दुनिया में मस्त है यहाँ,

कहीं ऐसा ना हो,

सुनके तेरी ग़मों की दास्तां,

कोई लगा न ले मिठाईयों का ठेला यहाँ।

दिल तो पल भर में पत्थर बन जाता है,

आँसू तो बहाता है,

लेकिन उसे पिघलने में सदियाँ बीत जाती हैं।

इश्क क्यों बदनाम हुआ उसे खुद पता नहीं,

जिसकी तलाश में खुद गली,

मुहल्ले भटकता रहा,

लाखों हैं जिन्होनें इश्क को बदनामी के शाही में भिगोकर,

खुद सो गए है सफेद चादर ओढ़कर।

मेरी मुस्कुराहट को मेरे भोलेपन न समझना,

ज़रा क़रीब आकर दिल में मेरे देखो,

तुम भी हैरान रह जाओगी

की इतनी सुलगते आग को दिल में लिए कोई

कैसे मुस्कुरा सकता है भला।

देखो इन रातों को कैसे खिलवाड करते हैं यह,

नींद से मुझे जगाते हैं

और खुद चैन की नींद सो जाते हैं,

जगाकर एक ख्वाब दिल में मेरे,

सारी रात मुझे ये सताते है,

तड़पने मुझे अकेला छोड़कर,

घूमने कही निकल जाते हैं।

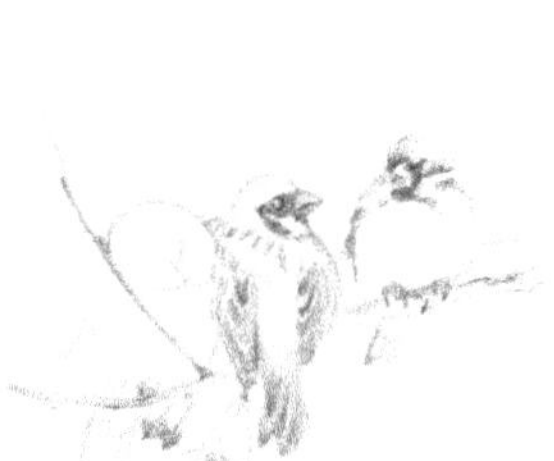

जाते जाते फिर से ना सताने की वादा ये कर जाते हैं,

दिन ढलते ही,

ये फिर से अपनी वही काम पर लग जाते हैं।

इस तरह आग लगाई उसने ज़िंदगी मे मेरे भुजने कि नाम न ली,

भुज गई जब मेरी चिता जल गयी।

खुशियों का हर कोई हक़दार बनना चाहता हैं यहाँ,

एक गम ही तो हैं जिसका कोई हिस्सेदार बनना नहीं चाहता यहाँ।

यादों को इतना ही करीब रखलेना दिल के तुम्हारे,

जिससे कुछ आँसू बह जाए और दिल कि बोझ हलका हो जाए,

उन्हें इतनी भी करीब न रखना,

कि वे तुम्हारे जान लेने पर उतर आए।

कौन आखरी तक किसी का साथ देता हैं यहाँ,

हर किसी को,

खुद को साथ ले जाना होता हैं यहाँ।

यारी में कोई खुदगर्ज़ नहीं होता,

जहाँ खुदगर्ज़ी होती है,

वहाँ यारी नहीं होती।

रोना हो, तो कोई आपसे सीखे,

दिल तो रो लिया बहुत,

पर उफ्फ तक नहीं कि आपने,

आँखे तो बरस गई पर आसूँओं को वही दफ़न कर दिया आपने,

हम खड़े थे वही यह सारा मंज़र देखते हुए,

रोना तो आपको था,

पर आँखें मेरे बरस गए।

मैं चुप रह जाता हूँ यारों,

हर बदनामी को सहता रहता हूँ यारों,

क्योंकि मैं यह नहीं चाहता,

किसी खींची हुई दागे से,

मेरे महोब्बत की चद्दर बदनाम हो जाए।

दोस्ती, ऐसा एक लब्ज़ हैं,

जो हर किसीको प्यारी हैं,

पर इसे निभाना हर किसी के बस में नही।

दोस्ती, एक दूसरे को समझना होता हैं,

दोस्ती, एक दूसरे के संग रोना होता हैं,

दोस्ती, एक दूसरे के संग हंसना होता हैं,

दोस्ती, एक दूसरे के आँखों को पढ़ना होता हैं,

अंत में यही कहना चाहूँगा,

यह अकेले से निभाया नहीं जाता,

इसीलिए तो यह "दो"स्ती कहलाता है ।

रुला गयी यारी उसकी इस कदर,

की नदियाँ भी सिसकने लगे,

बारिश भी कुछ कह गई हमसे,

रोक लो इन आँसूओं को तेरे पगले,

अभ मुझे भी तो ज़रा बरसने दे ।

अब दिल- ए- हाल क्या बयाँ करे हम तुमसे,

जिसे सवांरना था,

वही छोड़ गए बेसहारा हमें।

उफ़, तेरी वह एक हँसी,

बस क्या कहे हम तुमसे,

अब तो हमें खुद पर भी शक़ होने लगा है ।

वह दर्द ही क्या,

जिसे ग़ैरो ने दिया हो,

असली मज़ा तो तब होता है,

जब दर्द देने वाला कोई अपना हो।

दर्द औरों को उतना ही दिया करो,

जितना तुम खुद सह सको,

वरना वक़्त बदलते देर नहीं लगती ।

वादा वही किया करो जिन्हे तुम निभा सको,

वरना कही ऐसा न हो,

उन वादों को निभाते -निभाते,

ज़िंदगी एक समझौता बन जाए तुम्हारे लिए।

सोचा था,

प्यार के दरवाजे तो

आँखों से होते हुए दिल के दरवाजे में क़ैद हो जाते हैं,

पर आज कल तो दिल भी इतना सस्ता हो गया हैं साहब,

की हर पल अपने पते बदल रहे हैं,

इसीलिए तो प्यार को अपने ही दिल में क़ैद कर रखना

बेहतर समझा हमने।

रो रोके गुज़ारे हमने सारी उम्र,

कोई पूछता न था हमें,

ज़रा सा क्या हंस दिया हमने,

लोग तो जवाब मांगने लगे।

हलकी सी गिरती बारिश कि बूँद ने

कुछ ऐसी बात कह गया कानों में मेरे,

"चाहे कितनी भी ऊंची मुकाम पर पहुँच जाओ तुम,

एक दिन तुम्हे ज़मीन पर आना ही हैं" ।

रुक भी जा ऐ ज़िंदगी,

यूँ ना सताओ तुम हमें,

वैसे भी बहुत उल्झनों में घेरे पड़े हैं हम,

अब तुम ना फिर उलझाओ हमें ।

लगता हैं हमें कि हम भूलने के लिए बने हैं,

देखो हर कोई इस्तेमाल कर मेरा कैसे अंजान बना बैठे हैं यहाँ ।

देखो इन् रातों को लगता हैं कितने खामोश हैं ,

पर बात वो नहीं,

बिना कुछ कहे बहुत कुछ कह जाती हैं ये रातें,

गौर से सुनलो इन्हे ज़रा तो पता चले क्या कहती ये रातें

जो तन्हाईयों में गुज़ारते हैं अपने रातों को

पूछ लेना तुम उन्हें, क्या कुछ कह जाती हैं रातें

सपने बुनते रहते हैं वो,

हर पल सारी रात

जिसका सुबह का इंतज़ार रहता हैं ।

देखलो तुम इन रातों को,

कैसे खिलवाड़ करते हैं मुझसे इन दीवारों के साथ मिलकर,

ना खुद सोते हैं ये,

ना मुझे सोने देते,

बस रात भर यूँही सताते रहते हैं ये मुझे,

इन्हे कुछ कह भी न पाता हूँ मैं, क्योंकि एक यहीं तो हैं,

जो मेरे हाल को अच्छी तरह से समझते हैं,

इन्हे नाराज़ कर, मैं जाऊँ तो कहाँ जाऊँ अपनी हाल बयाँ करने,

यही तो हैं मुझे कभी रुलाते हैं,

कभी मना भी लेते हैं,

बेजान होकर भी,

देखो मुझ पर कितने तरस खाते हैं ये,

लगता हैं यही मेरे अपने हैं,

बस और कोई नहीं।

रात के खामोशियों में,

हमने एक सपना क्या सजालिये

देखो इन्हे, वही सच मान बैठे हैं ये,

नाम तो होठों पर नही लिया हमने,

फिर भी हवाएँ उनकी नाम पुकारने लगे,

दीवारें भी साथ उनके गुनगुनाने लगे,

वह बस गुज़रा हुआ एक कल था मेरा,

यही बात हम उन्हें समझाते रहे,

परवो ना माने मेरी बात,

हवाओं ने कुछ ऐसा कहा हमसे,

हम मिल आये हैं उनसे थोड़ी देर पहले,

जो हाल हैं तुम्हारा,

वही हाल हैं उनका,

बस एक पल की दूरी ने,

जुदा कर दिया तुम दोनों को,

वरना ऐसी कोई बात नहीं थी,

दीवारें भी कुछ कहने लगे,

देखा है हमने तुम दोनों का तड़प को,

फिर क्यों छुपाते हो अपने बात को,

कहदो एक बार प्यार हैं तुम्हें उनसे,

देखलो हम उठा लायेंगे उन्हें वही से,

हैरान रह गया मैं इनकी बातों से,

पता नहीं,

कैसे ये अपनी इतने खबर रख लेते हैं ,

अपने प्यार को मिलाने की उनकी तड़प को देखकर,

हम और भी हैरान रह गए,

यह उम्मीद न थी हमें उनसे,

फिर भी चलो अच्छा ही हुआ,

ग़ैरों से सबक सीख लेने से बेहतर है,

कोई अपना हमें सिखा गया

कि सभी अपने नहीं होते,

खुदगर्ज़ी अपनापन से भी बड़ी होती हैं ।

बहुत दर्द सहलिये हमने ज़िन्दगी में ऐसी कोई बात नहीं,

इस दर्द में ऐसी क्या बात थी पता नहीं,

चीरकर को दिल को मेरे उस पार चले गई

कितना मिठास होती हैं,

उस दर्द में जो खुद आपनो नें दी हो,

कुछ अलग ही मज़ा आता हैं,

उसे सहने में।

ऊपरवाले, तुम भी कमाल करते हो,

माँ की आँचल में ममता की नदियाँ बहा दी,

ये सोचकर की तेरी कमी किसी को ना हो यहाँ,

फिर तू सोचने लगा की,

यह अब तुझे भुलाने लगे,

तो तूने माँ को अपने पास बुला लिया,

उसे बुलाने से पहले कुछ तो सोच लिया होता,

तूने तो खुद की सारी खूबियाँ

उसमे भर दिया,

फिर सोचते रह गया कि,

तूने यह क्या किया?

देख लिया, माँ की ममता के असर को?

सोचने से अब क्या होगा,

तूने जो किया,

उसे तो अब बदला नहीं जा सकता,

बस इतना ही कर सकते हो तुम,

उसे अपने पास बुलाकर,

खुद के अहसास को मुझमे जगा सकते हो,

तुझे भी अब अहसास हो गया होगा,

माँ के बगैर कितनी अधूरी लगती हैं हर खुशियाँ,

बस अब तो लौटा दो माँ को मेरी।

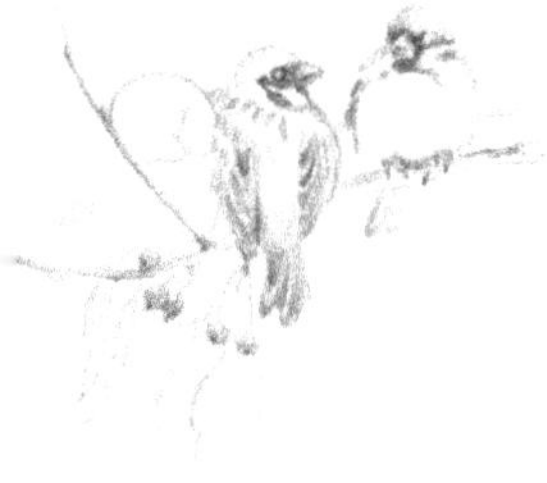

देखो इन दीवारों को, इन्सानों के बीच रहते,

इन्सानों जैसी हरकते करने लगी हैं,

कभी किसी को जलाना,

कभी खुद जलना,

कभी खुद रोना,

कभी किसी को रुलाना,

कभी बातें करना,

कभी खामोश रह जाना,

मैंने उनसे एक सवाल क्या कर लिया,

उसका जवाब इस कदर दे गए वो,

हम शर्मिंदा हो गये,

हमने पूछा आप तो बहुत कुछ सीख गए हो हमसे,

पर आप में ऐसा क्या है जो हमें आपसे सीखना चाहिए,

उन्होंने तुरंत जवाब दिया

"अपनापन", देखलो तुम हमें,

हम किसी अपने को गिराके खुद खड़े होना नहीं जानते,

साथ में खड़े होते और साथ में गिर जाते हैं,

पर आप इन्सान तो खुद खड़े होने के लिए कितनों को गिरा देते हो,

यही बात आपकी हमें पसंद नहीं,

जब अपनापन हो तो सब कुछ मिल जाता है ज़िंदगी में,

हम बस सर झुका के बिना कुछ कहे खड़े रहे।

यह आँखें बस हर पल तुम्हें ही ढूंढते रहते हैं,

लगता हैं इन्हे कुछ आदत सी हो गई हैं तुम्हे देखने की,

क्यों चाहते हैं यह तुम्हें इतना,

देखो इनकी मजबूरी को तुम,

एक लगाव सा हो गया हैं इन्हे,

लाख कोशिशों की बावजूद,

यह अपनी आदत नहीं बदल रहे,

बेताबियों को देखो तुम इनकी,

हरकतों से इनकी तुम भी कुछ कम परेशान नहीं हो,

कितने समझाते हैं हम इन्हे,

पर हर बार मेरी कोशिशों को अनदेखा करते हैं यह।

लाख कोशिशें कर लेते हैं हम उन्हें भुलाने की,

एक वो हैं की याद आए बगैर नहीं रहते,

कोशिश तो बहुत कर लेते हैं हम अपने अश्क को छुपाने की,

वह हैं की रुलाया बगैर नहीं रहते।

अश्कों को अपनी इस कदर छुपा लिए हमने,

सारे कायनात ढूंढते रहे वह उन्हें,

पर कही नज़र नहीं आए वो।

दिल को दिल से मिलाने की तमन्ना में,

दिल मेरा मुझसे बगावत कर बैठा,

देखलो यारों यह खुद का होकर भी, कैसा पराया हो बैठा।

सब कुछ तो माँगलिया दूआओं में औरों के लिए,

अब नहीं लगता बचा हैं कुछ जो मांगू मैं अपने लिए,

तू बदनाम न हो जाए दाता मेरे,

इसीलिए मौत की दूआ मांगता हूँ तुझसे अपने लिए,

जाते जाते यह दूआ भी क़ुबूल करते जाना तुम मेरे लिए

जब मैंने यह दूआ मांगी,

तो काल जो यार है मेरा खड़ा था पास मेरे नाराज़ हुआ,

पता नहीं क्या गुफ्तगू कर ली उसने दाता से मेरे,

फिर आगे जो हुआ उसका हाल बयान कर रहा हूँ मैं,

मेरे दाता ने कहा,

"अरे पगले तूने तो अपने लिए बिना मांगे सबकुछ तो मांग लिया,

औरों के लिए जो भी तूने माँगा उससे कई गुना ज्यादा मैंने तुम्हें दे दी है,

तेरी सारी झोली मैंने भर दी है

और मौत कि दूआ क्यों माँग रहे हो?,

न मांगो ऐसी दूआ मुझसे,

जब तेरी ज़रूरत हो मुझे,

यह जो यार खड़ा साथ तेरे वो खुद ले आएगा तुझे पास मेरे",

इतने कह के दाता मेरे अदृश्य हो गए।

ऐ ज़िंदगी,

एक बात तो बता,

क्या यह खबर पक्की हैं,

जो मुझे एक फ़रिश्तें से मिली हैं,

तूने मौत से गुफ्तगू कर ली है,

आज पहली बार मैंने ज़िंदगी को खुदसे नज़रे चुराते हुएँ देखा,

तूने मुझे सालों से जो पाठ पढ़ाया,

प्यार, महोब्बत, अपनापन, विश्वास, भरोसा

क्या इन सबका मतलब यही है?

क्यों किया तूने ऐसा मेरा साथ?

पहले तो खुद को साथ मेरे इस कदर जोड़ लिया,

जैसे की बस तू ही मेरा सब कुछ है,

यही अहसास दिलाते हुए आए हो तुम,

अब ऐसा क्या हुआ की मुझ से जुदा होना चाहते हो,

अब मुझे ऐसा लगने लगा है की,

तुम्हें मुझसे अच्छा कोई साथी मिल गया है,

या फिर तुम्हारा दिल मुझसे भर गया है,

कैसै-कैसे ख़याल आ रहे हैं मन में मेरे,

कुछ समझ नहीं पा रहा हूँ मैं।

पहले ही कह देते कि,

मौत से भी दोस्ती करनी होगी मुझे,

तो शायद हम अब तक उसे भी अच्छी तरह जान जाते,

अब अचानक तुमने अकेले ही कैसे फैसला ले लिये कि

मुझे आगे क्या करना हैं?

इस बात से परेशान हूँ मैं,

जो साथ नहीं चलना चाहता हो,

तो ज़ोर जबरदस्ती साथ निभाने के लिए उस पर ज़ोर नहीं डाल सकते,

यह बात मुझे तुम ही ने सिखाई हैं,

पर जाते- जाते एक बात कह देता हूँ तुझसे ऐ! ज़िंदगी,

सुन लेना तू भी ज़रा,

"मौत से ही सही,

ऐसी दोस्ती निभाएंगे हम,

तुम्हें खुद जलन होगी हमारी यारी से।

कितनी अजीब सी पहेली है यह ज़िंदगी की,

कोई नहीं समझ पाया इसे आज तक,

बस सभी गुज़ारे जा रहे है

इसे अपनी अपनी अंदाज़ से,

खुद को झूठी तसल्ली देते हुए सोच रहे हैं कि,

जो वह जी रहे उसे ही ज़िंदगी कहते हैं।

मज़ाक की भी कोई हद्द होती है

इस बात को हम अच्छी तरह से जानते है,

पर कभी कभी

ज़िन्दगी भी अपने साथ हद्द से भी ज्यादा मज़ाक कर लेता है

और खुद हमें सीख देने चले आता है कि,

किसी की ज्यादा मज़ाक उड़ाना अच्छी बात नहीं।

कैसे समझाऊँ मैं अपने आपको,

बीते वक़्त के साथ-साथ बिछड़े हुए अपने,

वापस नहीं आते कभी,

न जाने फिर भी क्यों तन

बदन में आँखें लिए उन्ही के इंतज़ार में हम है।

कभी कभी खामोश रहना अच्छा लगता है हमें,

क्योंकी खामोशियाँ बिना बोले बहुत कह जाती हैं।

अपनापन की गुट्टी पिला के मुझे,

खुद खुदगर्ज़ी की गोली चूसते ,देते रहे

मुझे बड़े ज्ञान अपनापन कि,

खुदगर्ज़ की भूल भुलैया खुद लेते हुए

अपनापन के बोझ तले दबते रहे

हम सारे उम्र के लिये, लूटते रहे मज़ा,

भूल भुलैय्या ज़िंदगी के वो,

रोते रहे हम सारे उम्र केलिए,

बचा है कुछ उम्र बाकी अब तुम भी जी लो कुछ अपना ज़िंदगी,

वक्त किसके पास है यहाँ।

जो तुम्हारी भलाई के बारे में सोचने लगे,

फिर मिल कर ये सारे कह देंगे तुम्हें,

किसने कहा था तुम्हें ऐसे जीने के लिए,

जिसकी जैसी सोच वैसी सबने जी लिया है यहाँ।

इन नन्हे मुन्नों से खून की रिश्तेदारी

निभाने में कोई ऐतराज नहीं है हमें,

क्यों कि एक बूंद चूस कर उड़ जाते है कहीं दूर,

इन्सानों से रिश्ता निभाना है महंगी बहुत,

खून से खून मिल जाए तो बोतल भर-भर के,

जितना चाहे चूस लेते हैं वो,

दुश्मनों से भिड जाए कभी,

तो बिना सोचे खून की नदियाँ बहा देते हैं,

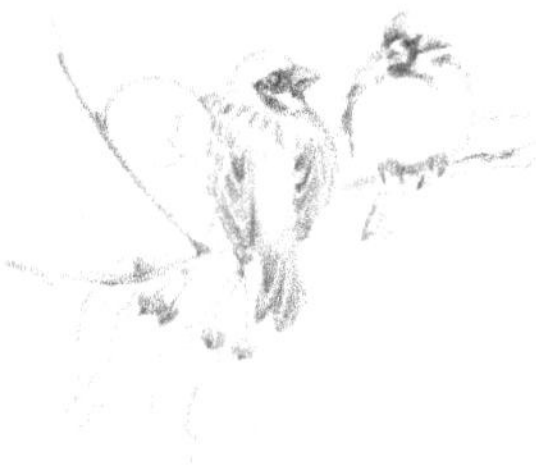

इसीलिये फिर कहता हूँ मैं,

मामला हो अगर खून का हो,

ना दुश्मन अच्छा,

ना दोस्त सच्चा,

इन दोनों से मेरा नन्हा मुन्ना मच्छर ही अच्छा।

खेल खेल में अक्सर हसाया करते थे एक दूसरे को,

आज कल तो रुलाने का ठेका ले बैठे हैं लोगों ने।

बस कर पगले कितना रुलाएगा तू मुझे,

लाख बुँदे बहा दिया तूने उसे रोकने में,

अब छंद बूंदे बहाने से कहाँ वो लौट आएगा तेरे लिए,

बात हंसाने या रुलाने का नहीं,

रिश्तें तो यूँ ही गिर पड़े सामने मेरे जैसे सूखी पत्तें

गिर पड़े ढाली से अपनी रिश्तें तो पत्तियाँ नहीं होती

जो वक़्त आने पर सूख जाते

रिश्तों में जान होती हैं,

आँख मूँद ने पर भी जिसकी सांसें चलती रहती हैं।

राह चलते सारे दर्द तो छुपा लिया हमने दिल में मेरे,

अब कोई खाली जगह बची नहीं किसी दर्द को छुपा लूँ मेरे,

अब यह ऐसा दर्द दिया हैं

यार ने मेरे, बोलो अब छुपाऊँ तो कहाँ छुपाऊँ मैं,

एक वही जगह बची है,

जहाँ से सांसें खुलती हैं मेरे,

न जाने करें तो क्या करें अब हम,

कुछ समझ में नही आ रहा,

दिल में छुपा लूँ दर्द यार के मेरे,

तो जी न पाएँगे हम,

ना छुपाऊँ तो यार बदनाम हो जाएगा मेरे।

प्यार को प्यार ही रहने देना यारों,

उसे कभी सौदा न समझ लेना,

प्यार अगर सौदा बन जाए तो मौत की बाज़ार खुल जाएगी यारों।

दिल मेरा अकेला गया घूमने कही,

मन मेरा हो गया परेशान फिरसे,

न जाने होगा वो किस हाल में,

सोचकर यह बात घबरा सा हो गया,

जब कभी लौट आता पास वो मेरे

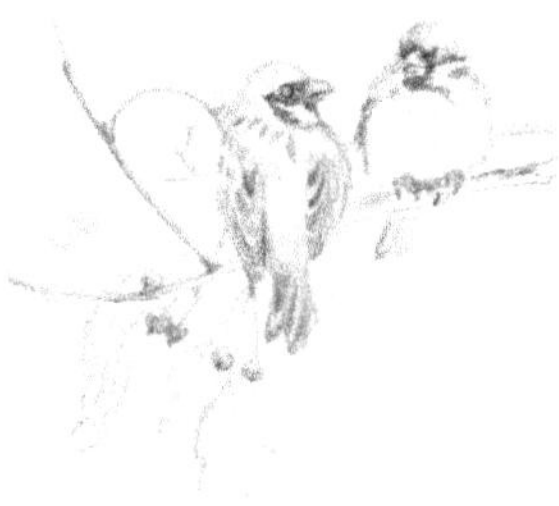

कुछ खोया खोया रहने लगता हैं वो,

इसीलिए हम मना कर देते हैं जाने से उसे,

फिर भी बाज़ न आता वह अपना ज़िद से,

बात न मान ने की जो आदत हैं उसकी,

बड़े बड़े परेशानियाँ खड़े कर देती हैं ,मुझको,

कितना भी समझाऊँ मैं, वो नहीं मानता,

हर बार अपने ही बात पर वो अड़े रहता,

घूम के बाजार में कुछ हैरान सा था वो,

दिल के बदले दिल मिलेगा यह सोचकर निकला था,

दिल के सौदा होते हुए देख लिया

वो और दौड़ा -दौड़ा पास मेरे चले आया वो,

देखा उसने लोगों को,

दिल का सौदा करते हुए,

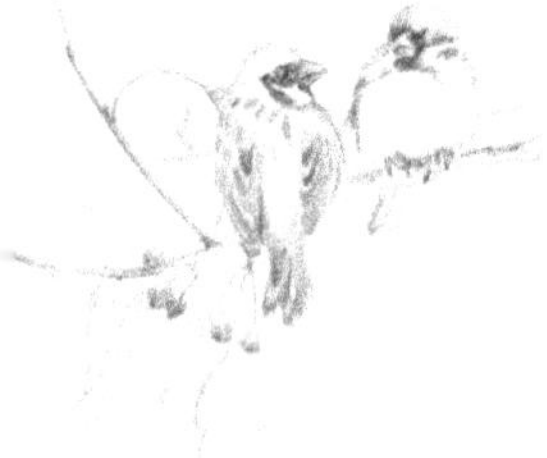

कुछ सस्ते और कुछ ऊँचे भाव में बिकते हुए,

प्यार की तो कोई बात नहीं थी वहाँ,

एक गुमनाम की ज़िन्दगी बस रही थी वहाँ।

देख लो रातों को,

कैसे यह बेशर्मगीं की सारी हद्दे पार कर चुके हैं,

हम तो जुबाँ पर आए हर बात को बता दिए,

ये तो वफ़ा की चद्दर ओढ़कर अपनी बेवफ़ाई छुपाये बैठे हैं।

दिल की तड़प को दिल में छिपा ली है हमने,

सिली होंठों से कुछ कह नहीं पाए हम,

इसीलिए कभी यहाँ,

कभी वहाँ, नज़रे फेर लेते रहे हम।

क्यों बेवजह खुद को सता लेते हो तुम,

कही इसीका नाम ज़िंदगी नहीं,

जहाँ अपने सपनों के खातिर खुद को जला लेते हैं हम।

जिसे खुदा से,

बार - बार मिन्नतें कर पा लिया मैंने,

कहाँ खबर थी हमें,

उसी के ख़ातिर खुदा के पास जाने की हमें मिन्नतें करनी पड़े।

पूछलो हाल उनके जो

महोब्बत में अपना सब कुछ जला बैठे हैं,

एक सांस ही है,

जो अब तक चल रही है,

जिनकी धड़कनें बंद हो चुकी हैं।

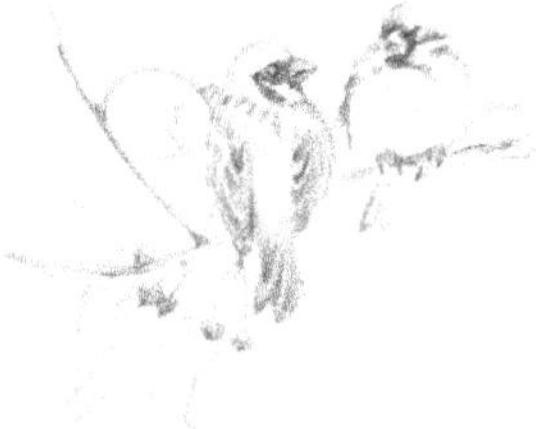

अपनों को बुरा कहना गलत होगा,

क्यों कि हम ही उनसे कुछ ज्यादा उम्मीद कर बैठे थे।

ज़ख्म देने वाले बहुत हैं,

और मरहम लगाने वाले बहुत कम,

मरहम लगाने वाले पहले ज़ख्म को इस कदर कुरेद देते हैं,

कि ज़ख्म कभी भरा ना जाए।

जानता न था इतना भीड लग जाएगी मय्यत में मेरे,

वरना जाते -जाते कुछ लोगों को नाराज़ कर जाते,

ताकि लोगों को रास्ते में आना -जाना आसान हो जाता

सब कुछ तो बेच दी हमने,

क्यों की मुसीबत में थे हम,

पर अपना ईमान नहीं बेचा।

हर किसी से रिश्ता जबरदस्ती ना जोड़िएगा,

वरना लोग तुम्हें सस्ता समझ लेंगे,

क्यों कि हर सोने के सिक्के के साथ

चांदी का एक सिक्का मुफ्त में दिया जाता है,

चांदी के सिक्के के साथ सोने का नहीं।

हर बात को मेरे हल्के में ना ले,

कुछ बातें मेरी तुम्हें डुबाने में काफी है।

बहुत कुछ पा लूँगा,

यह सोच कर बाप ने मेरा नाम किस्मत रख दिया,

सब कुछ तो पा लिया हमने,

पर अच्छी किस्मत नहीं।

मौत को जंजीरों से बांध कर,

ज़िंदगी का मज़ा लेता रहा मैं,

ज़िंदगी बेवफा निकली,

जो मौत को आज़ाद कर,

मेरा तमाशा देखने लगी।

सोच तो बहुत लेते हैं हम,

किसी सोच से कोई अनबन ना हो जाए इसी डर से,

सोच को सोच ही रहने देते हैं हम,

वरना सोच तो बहुत लेते हैं हम।

ज़िंदगी इतनी बदसूरत बन के खड़ी सामने मेरे,

मुझे मौत खूबसूरत लगने लगी।

बड़ी भूल की मैंने तुमसे मुहब्बत कर ऐ ज़िंदगी,

तू भी तवायफों की तरह बेवफा निकली।

जानता हूँ ऐ ज़िंदगी,

कहीं महोब्बत ना हो जाए तुम्हें मुझसे,

इसी ड़र से,

कभी-कभी,

मुझसे खफा होने की बहाने ढूंढते रहते हो।

ऐ ज़िंदगी अपने कदमों की हर निशान को मिटाते चले हो,

ता की मैं गिर जाऊँ,

अगर मुझे गिराने की इतना ही शौक है तुम्हें,

तो तुम चलना बंद करो,

मैं खुद बा खुद गिर जाऊँगा।

ज़िंदगी की बदलती तेवर और तवायफ की तेवर में,

एक इतना ही फर्क नज़र आता है मुझे की एक नाचती है

और दूसरी नचाती है।

पर्दे के पीछे रह कर मुझ पर वार करना

और ये सोच लेना कि हम अंजान हैं

इस बात से, तो कितने गलत हो तुम,

तुम क्या जानो,

आईने की उस पार की बातों का भी ख़बर रखा करते हैं हम।

थोड़ी सी ढील क्या दी हमने तुम्हें,

तुम तो मेरे कलेजे तक पहुंच गए।

हमेशा केलिये कोई किसी का नहीं रहता,

ज़िंदगी है बदल जायेगी, साथ में लोग भी।

ऐ मौत, आवाज़ दे कर देख लेना,

फौरन हाज़िर हो जाऊँगा,

ज़िंदगी जैसा बेवफा नहीं हूँ मैं।

ऐ ज़िंदगी तू तो लुटेरों से भी कमीना निकली,

जो एक खुशी बहाल करने के बहाने,

सौ खुशियाँ मुझसे लूट ले गई।

लगता है माँ को बनाने से पहले,

खुदा उनकी बहुत बड़ी इम्तिहान लेता है,

फिर उन्हें माँ की दर्जा नवाज़ा करता है।

दर्द को बहलाते रहे हम,

ता कि उसकी नज़र में कोई और न जाये।

दबे पाँव चला ना करो ऐ ज़िंदगी,

मौत की राज़ की कहानी जो सुनाई थी तुमने वो याद आ जाती है मुझे।

हैसियत, वक्त का मोहताज नहीं,

इसीलिए कहता हूँ,

कि किसी की हैसियत पर ना जाया करो।

मेरे गले लगते ही दर्द को पता चला,

यह वही मकाम है जहाँ वो मुकाम करना चाहता था,

इसी के तलाश में वो दर- दर के ठोकरे खाता फिर रहा था,

उसने मुझसे कहा,

कितना सुकून है दिल में तेरे,

जो मुझ जैसों को भी बड़ा आराम मिलता है यहाँ।

ऐ दर्द, सोचो ज़रा,

लोग क्या कहेंगे,

यह तो मायका है तेरा ससुराल नहीं,

कि तुम रह जाओ यहीं,

मैं नहीं चाहता कि तुम बेवजह बदनाम हो जाओ।

इतनी जल्दी कहाँ भागे जा रहे हो ज़िंदगी,

लगता है आज मौत से मुलाकात करवाने की साज़िश रची है तूने।

ज़िंदगी को अपने पहरेदार मान कर,

बड़ी भूल की मैं ने,

जिसे मैंने पहरेदार माना,

वो मौत का सौदागर निकला।

ज़ुल्फ़ों को अपनी क़ैद में रखा की जी ये,

खुली छूट दे कर तुम उन्हें हमें यूँ ना जलायी ये,

हवा मे बिखरी हुई ज़ुल्फों को,

सवारने के बहाने,

कोई हाथ अपनी फेर ले ना जाए कहीं,

दर्द तो दे जाते हैं सारे यहाँ महोब्बत में मगर,

ज़ख्मों को अपने तुम कभी नीलाम कर ना दीजिए ,

ज़ख्मों की हाल जान ने के बहाने,

मरहम ले आए हुए,

मरहम लगाने के बहाने,

पास तुम्हारा आ बैठ जाते हैं वो।

थोड़ा सा थका हुआ हूँ, हारा तो नहीं हूँ,

कुछ पल के लिए क्या रुक गया मैं,

ऐ ज़िंदगी तू तो मौत के ओर इशारा कर चल गया।

थोड़ा फुर्सत मिले,

तो पास मेरे आकर बैठा करो,

पता तो चले,

जो तुम जिए जा रहे हो उसे ज़िंदगी कहते है,

या फिर मेरे गुज़ारे को।

ज़िंदगी में रहते,

ज़िंदगी का बहुत तलाश कि हमने,

गुज़ारा तो हुआ पर ज़िंदगी का पता नहीं मिला।

जानता हूँ मैं तुम्हे ज़िंदगी,

अब जो साथ चल फिर न सका साथ तुम्हारा,

तो तुम मुझसे दूर भागे जा रहे हो,

कोई बात नहीं,

याद कर लो उस वक्त को,

जब मैं दुनिया की बोझ के साथ साथ,

तुम्हें भी अपने कंधे पे ले घूमा करता था,

खैर कोई बात नहीं,

तूने भी वही किया है जो दुनिया ने किया है साथ मेरे,

मैं कोई दोष ना दूंगा तुम्हें,

तुम्हारी ज़िंदगी तुम्हें मुबारक हो।

उम्र की बढ़ते पड़ाव के साथ,

खींची हुई लकीरें भी झुक जाते हैं साथ चलते-चलते,

ज़िंदगी भी अजीब खेल, खेल जाती है साथ मेरे,

कभी हसते,

कभी रुलाते,

उसे देखते-देखते आंखे मूंद ने पर मजबूर कर जाती है ज़िंदगी मुझे।

ऐ उम्र थम जा ज़रा,

उम्र भर तूने अपनी चलाई,

अब मुझे भी तो कुछ कहने दो ज़रा ।

बदल गए हैं हम अपने ख़ातिर,

बहुत जी लिए हम औरों के ख़ातिर।

मेरे बुढापे का सहारा थे मेरे औलाद और लाठी,

इन्हें मुझसे छीन कर कहते हो ज़िंदगी,

लंबी उम्र है तुम्हारा,

हंसी खुशी जी लेना।

ऐ ज़िंदगी,

तुम दुश्मनों के साथ मिलकर मेरे पीठ पीछे साजिश रच रहे हो,

तुम्हें क्या लगा,

मैं जान नहीं पाऊंगा वो सारी बातें,

दिन में सूरज और रात में चाँद,

सितारे जो तसवीर कैद की है तुम्हारी,

वो सारे है पास मेरे,

ऐसी कौन सी मजबूरी थी तुम्हारी,

जो तुम इस हद तक गिर गये हो,

जो भी हो तूने ये अच्छा नहीं किया ज़िंदगी।

बाप हूँ,

इतना ही तारूफ काफी है मेरा,

वरना ज़िंदगी भर मेरे बारे में लिखते-लिखते थक जाओगे तुम,

फिर भी मुझे अपनी किताबों में समा नहीं पाओगे तुम।

जब दुनिया की सारी ताकत मिलकर तुम्हें गिराने पर तुले हो,

तब एक ही है,

जो खुद दफान हो कर,

तुम्हें गिरने से बचाता है,

वो है तुम्हारा बाप।

जब कोई शक्स अपने पास से होकर गुज़र रहा हो,

और वो खामोश हो,

तो समझ लेना,

एक बाप जा रहा है।

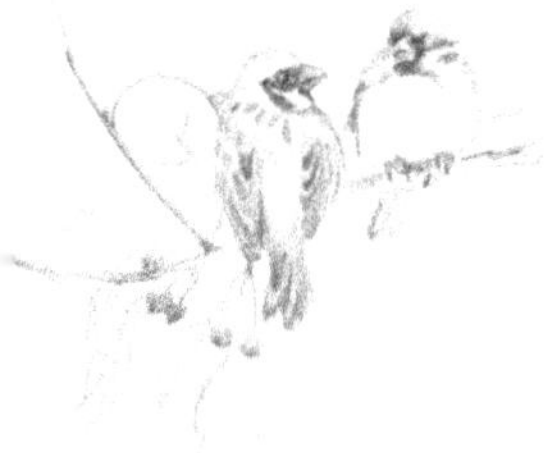

जब तक एक लड़का बाप नहीं बन जाता तब तक,

वो हर छोटे बड़ों पर अपना हक जताता रहता

और अपने मन पसंद की हर वो चीज़ को उनसे वो लूट लेता है

और ना मिलने पर सारी दुनिया अपना सर उठा लेता है,

जब वही लड़का बाप बन जाता है,

तब सारी दुनिया उसे लूट लेती है

और वो खामोशी से सब कुछ देखते रहता हैं।

हर ग़म को जोड़ कर माला बनाता चला,

जिसे वक्त देख कर हैरान रह गया और पूछा कि,

यह तो बड़ी भारी बरखम माला है,

इसे कैसे पहनोगे तुम?

जवाब में मैंने कहा,

यह माला तो मैं उम्र भर पहन कर चलता आ रहा हूँ,

अब ज़िंदगी को इसे पहना कर देखना चाहता हूँ कि,

वो कितनी दूर चल पाएगा।

मुझे अपने हाल पे छोड़ दो ऐ ज़िंदगी,

मेरे दिल में झांक कर उसकी हाल जान ने की कोशिश न करना,

एक सैलाब है वो जो तुम्हें भी ले डूबेगा,

फिर ना कहना की तुम्हें पहले ही आगा ना की थी हमने।

मेरे दर्द ए हाल बयाँन करने पर मजबूर ना कर ऐ ज़िंदगी,

कश्ती अपनी तैयार रख लेना,

वरना बहते अश्कों में मेरे,

तू भी डूब जाएगा।

तुम आंखों को मेरे देखो ना बार-बार,

उनसे चलते तीर तुम्हें घायल कर ना जाए कहीं,

इस दर्द का दवा सिर्फ पास है मेरे,

किसी हकीम के पास नहीं।

ऐ ज़िंदगी, कितने मक्कार हो तुम,

मतलब निकलते ही तुमने मुझे फौरन मौत के हवाले कर दिया,

एक पल के लिए अगर मैं यह समझूँ,

कि तुम वक्त का पाबंद हो,

तो याद कर बताना मुझे कि,

तुमने कितने सारे वादे किये थे मुझसे,

उनमें कौन से वादे वक्त पर पूरे किये तुमने,

कितने सारे वादे पूरे किये ही नहीं और कुछ वादे अधूरे रह गये।

जीते जी मुझे क्यों इतना जलाती हो ऐ ज़िंदगी,

मौत के बाद चाहे जितना जला लेना,

शिकायत नहीं करूंगा तुझसे।

अब ऐसा क्या कह दिया मैंने ऐ ज़िंदगी,

कि तुम इस तरह उस बात को अपने दिल पे लिए बैठे हो,

मैंने बस इतना ही सवाल किया था,

की क्या तुम भी किसी से महोब्बत करते हो ?

ज़िंदगी आज कल तेरी वार,

दुश्मनों से भी ज्यादा तीखे होते जा रहे हैं,

यह समझ में नहीं आ रहा,

कि यह मेरे मजबूती केलिए है या फिर बर्बादी के लिए।

तेरे दर्द से ज़ोरों से चींख उठा मैं ज़िंदगी,

आईना भी टूटकर बिखर गया,

फिर भी तुझे तरस नहीं आयी मुझ पर।

पर्दे के पीछे छुप कर तमाशा देखना बंद कर ऐ ज़िंदगी सामने तो आ मेरे,

दूसरों की मजबूरी पर कैसा हंसना है,

मैं भी सीखना चाहता हूँ तुमसे।

ना जाने क्यों मुझे अब यह अहसास होने लगा है ज़िंदगी,

कि दिल तोडने का हुनर लोगों ने तुमसे ही सीखा है।

बातें तो बड़ी करते हो ज़िंदगी जब निभाने की बारी आई,

तो मुँह छुपाये बैठे हो।

ज़िंदगी, रास्ते तो बहुत हैं,

मगर मंज़िल का पता नहीं।

किये हुए वादों को निभाना तुम भी भूल रहे हो ज़िंदगी,

लगता है तुम्हारा याददाश कमज़ोर होती जा रही है,

कभी-कभी आईना भी देखा करो ज़िंदगी,

लगता है तुम्हारी भी उम्र होता जा रही है।

क्या समझौता हुआ है तुम्हारा आईने के साथ,

ये तो बता जा ज़िंदगी,

क्यों की जब -जब मैं आईने के सामने खड़ा होता हूँ,

तब तब वो मुझे मेरी बढ़ती उम्र का अहसास दिलाती है

मगर तुम्हारा नहीं।

वैसे भी तूने आज तक मेरी कौन सी बात मानी है बता ना ज़रा ज़िंदगी,

कि मैं तुम्हें अपना दोस्त कहूँ,

गिनती मुझे भी आती है,

ज़रा सोच कर बताना ज़िंदगी।

बार-बार दर्द दे कर,

मुझे कोई यह कहे कि वो मेरा यार है,

मैं कैसे मान लूँ इस बात को,

तुम ही बताओ ऐ ज़िंदगी।

प्यार से मुझे अपनी बाहों में झूला भी झुलाते हो
और मौत से गुफ्तगु भी करते हो,
क्या नाम दूँ इस रिश्ते को मैं ऐ ज़िंदगी,
कुछ समझ में नहीं आ रहा।

खेल तो आखों का होता है
और दिल को क्यों सज़ा दी जाती है।

उसके पास पैसा हो, न हो,
कम हो वही ठीक है मेरे लिए,
क्यों कि औरों जैसा हर चीज़ को पैसे से नहीं तोला करता वो।

दिल ने आँखों से कहा,

अब तुम्हारा आँख मिचौली का काम बंद कर दो,

तुम्हारा रोना तो कुछ पल का होगा,

मगर मेरा तो उम्र भर का हो जाएगा।

खुशियों को ले जाने,

लोग खड़े हैं लम्बी कतार में,

जैसे मुफ़्त अनाज बाँटा जा रहा हो,

हम तो कब से तैयार हुए बैठे हैं यहाँ,

कोई साथ हमें ले जाता नहीं ,

जब खुशियाँ संभाली नहीं जाती,

तब चले आते हैं तुमसे मिलने के लिए,

कुछ पल रो कर,

दिल अपने कुछ हल्का महसूस कर लेते हैं वो

ज्यादा खुशियों से भरा हुआ दिल भी कभी टूट सकता है,

दिल की सेहत के लिए रोना ज़रूरी है,

तब हम बिन बुलाए चले आते हैं।

क्या हम इतने गिरे हैं कि,

कोई हमें अपनाना नहीं चाहता,

कम्बख्त कौन चाहता है किसी को रुलाना,

पर क्या करें हमारे आने से तुम्हें रोना आ जाता है।

कितने दिन हम यूँ ही अकेले बैठे रहे,

ऊब जाते हैं हम भी तन्हा रहते -रहते,

हम खुद नहीं चाहते किसी से मुलाकात हो हमारी,

ज़िंदगी भेज देता है हमें वहाँ पता उनका दे कर

वापसी पर हमसे,

पूछ लेता है वो दिन-भर का काम हमारा,

तो बताना होता है हमें तुम सब की हाल बारी - बारी।

इतना भी दर्द छुपाया ना करो यार मेरे,

कि सीने पे दारारे नज़र आए हमें,

मानते हैं मरहम लगाने की काबिल नहीं है हम,

तुम्हारा दर्द की दास्ताँ सुनने की लायक तो हैं हम।

जला दिए थे मैंने तुम्हारी सारी यादें,

एक तस्वीर जो मैं जला ना सका,

वो फिर से ताज़ी कर गई सारी यादें।

अजीब लग यह देखते हुए,

जो हर किसी बात को अनदेखा करता था,

वो मौत के इक इशारे पे हाज़िर हुआ।

देखा है मैंने मौत की डायरी को,

जिस में हर किसी का नाम,

वक्त और तारीख लिखी हुई है,

जिस में गैर हाज़री का कोई मौका ही नहीं।

आज फिर देखा मैंने मौत को करीब से गुज़रते हुए,

नाम मेरा उसकी डायरी में फेर बदल करते हुए

अच्छा हुआ कि मौत बिकाऊ नहीं है,

वरना लोग उसका भी भरी बाज़ार में बोली लगा देते।

दिल है मेरा कोई किराया का मकान नहीं,

तीन कमरे हैं जिस में प्यार,

भरोसा और सुकून बसते हैं,

जिसका किराया देते-देते उम्र गुज़र जाएगी तुम्हारी।

यूँ ही नहीं चूभते कांटे,

कुछ सबक याद दिलाना है,

तभी चूभते हैं कांटे।

ग़मों को दस्तक देते देख मैं हैरान हो गया,

कहा मैंने ," तुझे क्या ज़रूरत कि तू पूछ कर अब आने लगे",

कहा ग़म ने मुझ से, "बड़े दिनों के बाद जो आया हूँ,

अच्छा लगा देख तुझे खुशियों के साथ झूमते हुए",

मैंने कहा ग़म से, "यह तो कुछ पल के महमान जिनका कोई ठिकाना नहीं,

एक पल इधर इक पल उधर यह आ जाया करते है,

कोई भरोसा नहीं है इनका

इसीलिये इनका खोने का ड़र जो सताती है",

तू ठहरा सच्चा यार मेरा, कोई परवाह न किए,
साथ मेरा जीता है, और जीए जाता है।

वक्त की यह बात सुनकर दिल को मेरा दर्द हुआ,

आ गया थोडा जल्दी ही मुझे मिलने की तमन्ना लिए,

देखकर मुझ को खुशियों के संग झूमते हुए,

पड़ोसी के घर हाल जानने गया,

देखकर दरवाजे पे उस को आग बबूला हो गया पड़ोसी मेरा,

हाथ पकड कर घसीटते हुए दरवाजे पर मुझे धकेल दिया।

हम थे तलाश में कि,

कोई हमदर्द मिल जाए,

जो भी मिले हमराही मिले,

वो भी जाते बहुत सारे दर्द दे गए।

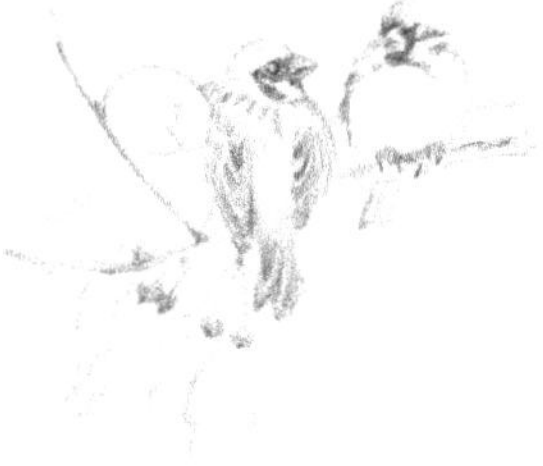

एक गुलदस्ता क्या रख दी मैने सामने तेरी,

देखते ही उसे रंग तेरे चेहरे का क्यों उड़ गया,

दोष गुलदस्ते के फूलों की रंग में था,

या फिर तेरे बदलते रंग में,

जिसे वो पेश कर गए,

पता नहीं,

भोले है वो उन्हें क्या पता,

भरी बाज़ार में किसी की गैर का मज़ाक किया नहीं करते।

मौत को किश्तों में बाँटते फिरते हो,

फिर भी ना जाने तुम,

ज़िंदगी कैसे कहलाते हो।

देखो इन रास्तों को,

कैसे यह अंजान बना बैठे हैं,

जिस राह चलते हम थकते नहीं ते कभी,

वही हमें पूछ रहे जाना कहाँ है तुम्हे?

सच को सच साबित करना कितना मुश्किल हो गया है,

झूठ को कितने सलीखे से सच साबित कर जाते है लोग,

सच को सच साबित करने के लिए,

ज़हर भी पी जाओ,

तो लोग यहीं कहेंगे झूठा था,

मर गया।

दिल को धड़काना तुम्हारा काम है

ज़िंदगी और उसे बंद करना मौत का,

अगर मैं बात तुम्हारी मान लूँ,

तो वो मेरे दिल को धड़कने से रोक देता

और ना मानू तो तुम मुझे चैन से जीने नहीं देते,

तुम ही बताओ ज़िंदगी,

हम किसकी बात मान ले।

हर किसी को आईना दिखाकर उनकी खामिया गिनवाते हो ऐ ज़िंदगी,

जो ज़िंदा हैं उनमें खामिया भी होती हैं,

क्या इस बात से तुम वाकिफ नहीं हो ज़िंदगी

खामिया ज़िंदा होने की सबूत हैं,

अगर तुम मुझे तुझ में कोई खामिया न होने की सबूत पेश कर रहे हो,

तो तुम्हें मैं क्या समझूँ ऐ ज़िंदगी।

सीने से लगा कर,

सीने से दिल को चुरा ले जाते हैं लोग,

इसलिए सौ बार सोच लेना सीने से किसी को लगाने से पहले।

मौत से पीछा छुड़ा कर,

पास तेरे दौड़ा चला आया हूँ ज़िंदगी,

तू तो नयी नवेली दुल्हन की तरह सज़ धज कर बैठी हो,

कहीं कत्ल करने का इरादा तो नहीं है तेरा?

उसकी दिल तोड़ने की हुनर देखकर,

दर्द खुद शर्मा गया,

ये तो मुझसे भी आगे निकल गई है,

ज़ख्म अता करने का इसका अंदाज़ कुछ निराला है

और हथियार के इस्तेमाल की तरीख़े से,

हथियार की धार सौ गुना बढ़ा देती है,

वो ये कहते दर्द सहते चींख उठा।

उसकी हत्या की मंशा की क्या कहूँ मैं,

वो तो खून से नहाने की बेसब्री से इंतज़ार में रहता है।

इन नाज़ुक कलायीयों से चलती हथियार की धार से,

ये पता चला मुझे कि,

कोई सक्त हाथों से सीखी हुई हुनर नहीं है ये।

देखो इन जाम से भरी बोतलों को,

जाम में पूरी डूब कर भी,

अपने बगल में बैठा पडोसी को उसकी खबर तक नहीं होने देते,

एक तू ही है कि,

चार बूँद पिया नहीं,

सारी दुनिया को खबर हो जाती है।

कितने महंगे हो गए हो तुम ज़िंदगी,

सारी सासों को गिरवी रख कर भी,

दो पल की खुशियाँ खरीद नहीं पा रहा हूँ मैं।

अच्छा मज़ाक करते हो ज़िंदगी,

जेब खाली हैं मेरी इस बात को जानते हुए भी,

महंगे सपने दिखाते हो मुझे।

लाख तसवीरें बना चुका हूँ,

तसवीर बनाना कोई बड़ी बात नहीं है मेरे लिए,

जब तुम्हारी बारी आई,

न जाने क्या हुआ,

कलाई मेरी वही रुक गयी,

कुछ पल में तस्वीर जो बन गई थी,

देखा उसने आँख भर,

तसवीर तो मेरी बनी थी,

जिसके साये में,

बो नज़र आ रही थी

सुना मैंने लोगों को यह कहते हुए,

पागल हुआ है प्यार में तेरा,

क्या प्यार में ऐसा हाल होता है?

जहाँ खुद की ख़बर नहीं होती।

एक तसवीर क्या बनाई मैं ने तुम्हारी,

लोग तरह-तरह के बातें करने लगे,

लोगों का यही कहना था कि,

जो बात तसवीर में है,

वो तुम में क्यों नहीं,

मैंने लाख समझाया,

पर कोई माने ना बात मेरी,

उसका भी यही सवाल था,

कि जो बात मुझ में नहीं उसे तसवीर में कैसे उतारे तुमने,

अब मैं इन्हें कैसे समझाऊँ,

कि कुछ तसवीर में जान होती है,

जो देखने वालों की नज़रिया बदल देती है।

यादें तुम्हारी गुलदस्ते जैसा है,

जिसके कांटे बारी-बारी से दिल में मेरे चुभते रहते हैं।

दर्द सहना एक आदत सी हो गई है,

दर्द देने वाले कौन है उसकी अब परवाह नहीं,

ये जानते हुए कि दर्द देने वाले कौन है,

जी चाहे जितना दर्द दे जाओ तुम उसे,

अब उसे महसूस नहीं कर पा रहा है वो,

दर्द को वरमाला बनाकर पहन लिया है वो,

दर्द देने वाले तो इतने सारे ग़म दे गए हैं,

उसे अब दुआ या दवा की ज़रूरत ही नहीं,

उन्हें उनके हाल पे दिया है वो छोड,

सोचो ज़रा वो कौन लोग होंगे जो इस कदर ज़ख्म कर गए,

यह ना जी पा रहा है,

ना मौत आ रही है इसे,

बस एक ज़िंदा लाश बना बैठा है यह।

जिन्हे भी अपना लेती तुम,

उन्हें पराया बनाने में वक्त ज़ाया नहीं करती,

एक यही आदत तुम्हारी हमें अच्छी नहीं लगती,

जी चाहे जितना उसके दिल से तुम खेल लेती,

वक्त बदलते उसे पराया कहने से तुम्हारा जीभ नहीं लड़खड़ाती,

ताज्जुब होता है मुझे जब तुम अपने दिल भरते ही,

उसे कैसे किनारा कर देती हो,

ये हुनर तो बड़ा कमाल की है तुम्हारी

मेरा यार भी कोई कच्चा खिलाड़ी नहीं,

प्यार महोब्बत के मैदान में,

आँख झपकते ही बड़े -बड़ों को मात किया है उसने

देखकर हाल मेरे यार की,

लगता है उसे सच्ची महोब्बत हो गई है तुमसे,

इसीलिये जान बुझकर तुमसे हारता आया है वो ।

महोब्बत की अब वो कदर कहाँ,

इसीलिए तो कबर बन गयी है वो,

कभी किसी का ताज,

कभी किसी का मकबरा होती थी वो,

अब वो बात कहाँ,

सिर्फ जज़बातों की खेल बनकर रह गयी है वो।

रास्ते भी बदज़ुबाँ हो गए हैं,

प्यार की इज़हार करने में हम ना कामयाब क्या हुए,

मुझे मेरी औकात याद दिला गए वो।

सोचने वाली बात है ये,

कि इतना शातिर कातिल,

नाज़ुक हाथों से कैसे मात हुआ।

ज्यादा सोचा ना करो,

वरना उस सोच की अहमियत बढ़ जाती है

और वो तुमसे खिलवाड करने लगती है,

कभी तुम्हें उसे भुलाने पर मजबूर करता है,

तो कभी-कभी होठों पर आते-आते रह जाता है,

कभी उसके पीछे-पीछे दौड़ने पर मजबूर करता है,

या फिर उस सोच को सोचने पर बहुत मजबूर किया करता है।

मुझे इन्सानों से भी इन जाम से भरी बोतलों की बातें अच्छी लगने लगे,

जो पूरे जाम को पीकर,गली,

मोहल्ले या फिर बीच बाज़ार में तमाशा करने निकल नहीं पडते,

वो बेजान होकर भी,

कैसे जाम को अपनी कैद में रखे हैं और नशे को उसकी दायरे में,

तुम तो ज़िंदा हो,

फिर भी तुमसे ये बात क्यों नहीं बनती।

नशा अगर जाम में होता,

तो जाम से भरी इन बोतलों को झूमते हुए ज़मीन पर गिरके,

टूटकर बिखर जाना था,

नशा तो इन्सानों में होता है,

चार बूँद जाम पीते ही उसे अपनी अंजाम तक पहुंचा देती है।

जिन पे हम अपनी जान छिडकते हैं,

वही हमारी जान ले जाते हैं,

जिन्हे हम अपनी आँखों में बसा लेते हैं,

वही आँखें चुरा ले जाते हैं,

जिन्हे हम अपना मानते हैं,

वही परायपन का मज़ा चखा जाते हैं,

जिन्हे हम दिल में बसा लेते हैं,

वही दिल चीरकर निकल जाते हैं।

किसी के बारे में इतना भी ना सोचो कि,

वो सोच महोब्बत बन जाए,

हर किसी की सोच एक जैसा नहीं होता,

सोच गलत भी हो सकती है,

सोच आखिर सोच है,

इसलिए फिर कहता हूँ मैं,

किसी सोच को अपने दिल में ना बसाना,

वरना वही सोच एक दिन तीखा खंजर बनकर,

दिल पर वार करने निकलेगी।

ज़िंदगी से कोई शिकायत नहीं है मुझे,

भले ही झूठी तसल्ली देती है वो मुझे,

कुछ पल के लिए उस दर्द से छुटकारा तो मिल जाता है मुझे।

बड़ी भूल की है मैंने तुमसे महोब्बत कर ऐ ज़िंदगी,

तू भी तवायफों की तरह बेवफा निकली।

कांटे, लोगों से अच्छे लगते हैं मुझे,

क्योंकि यह तो एक बार चुभ कर चुप हो जाते हैं,

लोग तो हर बात पर चुभते रहते हैं।

गलत कहते हैं लोग की ज़िंदगी ने साथ मेरा छोड़ा है,

मैंने ज़िंदगी का साथ छोड़ा है क्योंकि वह बेवफा निकली।

बेरहम होना,

तुमसे ही सीखा है मैंने ऐ ज़िंदगी,

याद है तुम्हें!

थोड़ी सी रहम क्या मांग लिया हमने तुमसे,

तुम तो अपना मुँह फेर लिए थे हम से।

वैसे तो बहुत शौक रखते हैं हम भी,

पर दिल दिल तोड़ने का नहीं।

तुम्हारा मज़ाक अच्छा लगा मुझे ज़िंदगी,

पर हंसना कब का भुला चुका हूँ मैं।

गले मिलना भी चाहते हो और हाथ में खंजर भी पकड़े हो,

बताओ कि दीदार करना चाहते हो,

या फिर वार करना,

हम भी कब से इसी इंतज़ार में बैठे हैं।

फुर्सत से मिले हो,

दो बातें भी किया करो,

ना जाने कब कौन किससे रुख़सत ले जाए।

दर -दर की ठोकरें खाते,

तुम भी मुझ तक आ पहुंचे हो ज़िंदगी,

ये क्या बात हुई,

ना तुम चैन से जीते,

ना मुझे सुकून से रहने देते।

दर्द से दर्द को अलग कर,

उसे हमने कुछ पल सीने से लगा लिया,

हम,

हम से हमदर्द बन गया और वो दर्द,

दर्द ही ना रहा।

कोई तुमसे यह कहे,

ज़रा मुस्कुरा कर दिखाना,

हम भी देखें कि मुस्कुराते हुए कितनी खूबसूरत लगती हो तुम,

तो तुम उनसे कह देना,

मेरा पागल आशिक से पूछ लेना,

मुस्कुराते हुए कितनी हसीन लगते हैं हम।

ज़िंदगी के हर वार को नाकामयाब करना तुम,

अगर गलती से भी ज़ख्मी हो गए तो भी,

ज़िंदगी को उसका भनक भी लगने न देना,

वरना वो बार-बार वही पर वार करने लगेगा

और तुम्हें अपनी घुटने टेकने पर मजबूर कर देगा,

ज़खमों को इस कदर छुपाकर उनकी मरहम करना,

कि ज़िंदगी को कानों कान ख़बर ना हो,

तुम बस उसे घुमराह करते रहना।

कितनी अजीब बात हैं यह,

आजकल तो हक़ीक़त बयान करना गुनाह माना जाता हैं,

फिर भी सामने वाले से यही उम्मीद की जाती हैं की वो सच्च बोल दे।

दर्द को संभालु,

या फिर अपनों को,

कुछ समझ नहीं पा रहे हैं हम ज़िंदगी,

बस जिये जा रहे हैं हम अपने साँसों को समझाते,

यूँ ही गुज़ार ले कुछ वक़्त तू भी साथ मेरे।

वक़्त की कुछ बातों से,

हम भी बहुत उलझ जाते हैं,

कुछ बातों को सुलझाते - सुलझाते,

खुद भी उलझन में उलझ जाते हैं हम,

फिर सोचते हैं,

उलझनों को सुलझाने से बेहतर था

की हम वक़्त की बातों में कभी उलझ न जाते,

तो कितना अच्छा होता।

देखो चारों ओर,

हर कोई महोब्बत के नाम से,

मेला लगाए बैठा हैं यहाँ,

कोई सस्ते में,

तो कोई महंगी दाम में अपना दिल बेच रहा हैं यहाँ।

पूरी काईनात में एक ऐसा जगह बता देना ऐ खुदा,

जहाँ मेरी माँ का वजूद नहीं,

जहाँ तेरी कमी महसूस हो जाती है मुझे,

वहाँ चले आती हैं मेरी माँ,

हर जगह तो होता है तू,

इस बात पर कोई शक नहीं हैं मुझे,

पर एक बस वही है जो उसकी जगह पूरी कर सकती है,

कोई और नही

भले ही तूने ही बनाया है मेरी माँ को,

पर उसमें जो बात है

ओ तुझ में क्यों नहीं ये सोचकर परेशान रह जाता हूँ मैं।

लोग तो पूछ बैठे,

उनका आने,

या ना आने से क्या फर्क पड़ता है,

वह क्या जाने उनका अहमियत क्या है ज़िन्दगी में मेरे,

तो सुनो दुनियावालों,

उनका आने से ज़िन्दगी और मौत का बीच का फ़ासला बढ़ जाता है

और ना आने से कम हो जाता है।

दिल तो मेरा कब्र है,

जिसमें जो चाहे दफ़न करता हूँ मैं,

कम्बख्त एक आप ही का नाम है

जिसे चाहकर भी आज तक दफ़न न कर सका।

कौन कहता है काटने के लिए दाँतों की ज़रुरत होती है,

लोग तो जुबान से भी रिश्तें काट लेते है।

जान कर भी क्यों अंजान बने बैठे हैं लोग,

सच्चाई को क्यों इस तरह छुपाए फिरते हैं लोग,

जाना तो हैं सबको एक दिन,

यह बात जाने हैं सारे,

फिर भी यह गुरूर,

यह अहम् क्यों पाल बैठे हैं यह लोग।

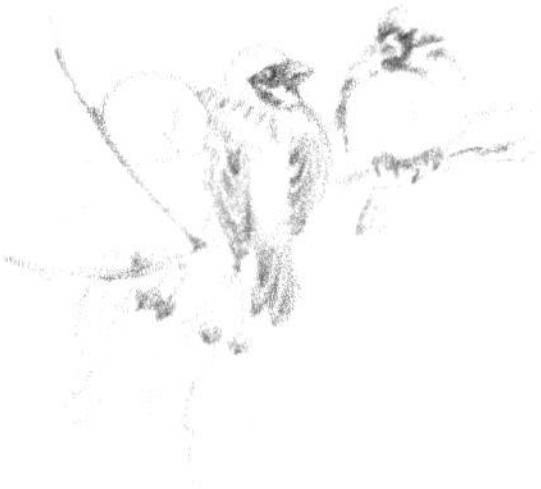

ज़िंदगी में बहुत चोट खाई है मैंने,

एक और सही।

एक सवाल ही तो किया था मैं ने तुमसे ऐ ज़िंदगी,

जवाब थोडी मांगी थी?

फिर इतना क्यों परेशान हो रहे हो?

ऐ ग़म,

तुम तो कमाल का रूलाते हो,

जब तुम्हारी बारी आयी,

तो मेरे सीने मे छुप जाते हो,

क्यों यह घबराना,

क्यों यह शर्माना,
मेरे सामने आ के रोया करो,
ज़रा मुझे भी तो पता चले,
कोई ग़म मे कितना रोया करे।

कुछ घ़ाव ऐसे बने होते हैं,
जिनका कोई इलाज नहीं होता।

दुश्मनों की तलवारों में वो धार कहाँ,
कि वो मुझे घायल कर सके,
अपनों की ज़ुबान इस कदर तेज चलने लगे कि,
हमने दुश्मनों की तलवारों से घायल होना अच्छा लगा।

उम्र को एक सज़ा ना मानो,

वो तो एक हकीकत है,

जिससे सबको गुज़र जाना है,

सारी उम्र साथ तुम्हारा चलता आया है वो बेशर्मों की तरह,

बस उसे तुम्हारा औकाद याद दिलाने पर मजबूर ना किया करो।

तन्हाईयाँ बेजुबान होकर भी बोलती बहुत हैं,

कांटे तो नहीं पर चुभते जरूर हैं,

कातिल नहीं ओ पर वार ज़रूर कर जाते हैं।

कौन है जो इस वक्त दस्तक दे रहा है,

अगर ज़िंदगी हो तो अंदर ना आना,

हम मौत के साथ,

आँख मिचौली खेल रहे हैं।

हम तो दुश्मनों पर नज़रें गढ़ाए बैठे थे,

वो तो करीबी यार था मेरा,

जो मुझपर वार कर चला गया।

दिल को दिल से मिलाने की तमन्ना में,

दिल मेरा बगावत कर बैठा मुझसे,

देख लो यारों यह अपना होकर भी कैसा पराया बन बैठा,

जानता है वो रोते हुए आना है उसे मेरे ही पास,

फिर भी देखो कैसे चुप के वार कर जाता है वो,

दर्द तो भर ले आता है वो और सीने में मेरे छुप जाता है,

साथ रो लेते हैं हम भी उसको बहुत समझाते हुए,

फिर भी वही गलती कर बैठ जाता है वो।

यह यादें क्यों होती हैं ऐसे,

कोई समझाए इन्हें यूँ अकेले ना आए पास मेरे सताने,

उन्हें भी साथ ले आया करें   जिनकी यह याद हमें दिलाना चाहते है।

हम तो उन्हें भुलाने कि कोशिश तो बहुत की मगर,

यह यादें जो हैं उन्हें भुलाने नही देते हमें।

इतने इन्हें शौक है हमें जलाने की,

तो अपना हसरत ज़रूर कर ले पूरी,

मगर यह काफी नहीं कि,

हम जी रहे जलते -जलते।

कुछ कहते तो नहीं हैं,

बस गुमसुम सा खड़े हो जाते यह सामने मेरे,

ना दिन का खयाल इन्हे,

ना रात की,

बस चले आते हैं सज़ धजके सामने मेरे।

अजीब रिश्ता हैं दिल का और आँखों का,

कोई यह समझाए हमें,

यादें तो दिल में बसे हैं,

किसी की याद आयी तो पहले आंखें क्यों रो पड़ती हैं।

थोड़ा सा मज़ाक क्या किया हमने साथ तुम्हारे,

तुम तो उसे अपने दिल से लगाये बैठे हो ज़िंदगी,

ज़रा सोचो उम्र भर तुम तो मज़ाक करते आये हो साथ मेरे,

फिर भी मैं जी रहा हूँ साथ तेरे।

हंसना सेहत के लिए अच्छा है ये तो सुना है मैंने,

क्या दूसरों का ग़म पर हंसना तुम्हारा सेहत के लिए अच्छा है ज़िंदगी?

वफ़ायी का बड़ा पाठ पढ़ाते हो

ज़िंदगी और खुद बार-बार हमसफ़र बदले जाते हो।

दिल में बसकर मेरे कब्र कब खोद गए,

उसे पता ही ना चला।

ऐ दिल,

कितना नादान है तू,

कैसे समझाऊँ मैं तुम्हें,

हर कोई अपना नहीं होता यहाँ,

जो भी पास तेरे

आता है, खुद की मतलब के लिए आता है,

वरना तेरे लिए किसी के पास इतना वक्त है कहाँ,

कि वो तुम्हारा खुशियों का खयाल करें।

दिल की बेशर्मी को देखो,

मुझसे ज्यादा,

गैरों की बातों पर यकीन कर,

हर बार चोट खाता है वो

इसे दिल की नादानगी कहूँ,

या फिर पागलपन,

कुछ समझ नहीं आ रहा।

दिल ए हाल किसे बयान करे हम,

जिसे करना था,

वही दिल में छुपकर वार कर गया।

दिल और आंखों की हुई अनबन की वजह से,

कभी आंखें धोखा खा जाती हैं तो कभी दिल,

पर इन दोनों के बीच जो हाल मेरा हो रहा है

इस बात की इन्हें परवाह है कहाँ?

ना जाने कितनी भी रोलूँ मैं,

आँसू नहीं बरस रहे आंखों से मेरे,

दिल में एक चुबन सी होती है

और एक अहसास जगाता दिल से लहू बहने का

आसुओं को दिल के रास्ते हो कर लहू बनकर बहने का अहसास जगाता है।

सुखून कहाँ तलाशूँ मैं ज़िंदगी,

जिसे लाना था,

वो खून कर मेरे अरमानों का कहीं दूर छुपा बैठा है।

देखा हैं मैं ने लोगों को,

दिल में बसकर,

उसे कबर बनाकर जाते हुए।

एक यहीं बात तेरी अच्छी नहीं लगी मुझे ज़िंदगी,

मौत से खुद के लिए लड़ लेते हो

और हर बार जीत भी जाते हो,

औरों के लिये लड़ते हुए,

हार जाने की अच्छी बहानें ढूंढ लेते हो।

सोच रहा हूँ कि,

कुछ पल के लिए अपने आप से रूठ जाऊँ,

क्यों की बात-बात पर मुझसे रूठनेवाला,

हमेशा के लिए रूठ कर मुझसे कही दूर चला गया है।

कुछ बातों को बातें ही रहने देना अच्छा होगा,

उन्हें हकीकत में उतारने की कोशिश में बहुत से दिल टूट जाते हैं।

बड़ी मुश्किल से हंसना सीखा था हमने,

वो हमें फिर से रूला गए।

अगर दिल से निकल बाहर ही करनी थी,

तो उसे दिल में पनाह दिया ही क्यों तुमने?

आंखें तो देखते ही रहे थे तुम्हें,

मगर नज़ारें कुछ कह गए हम से,

जिन्हें पाना चाहते थे हम वो तुम नहीं हो,

तुम तो बस देखने के लिए बनी हो।

बाप चाहे कितना भी अनपढ़ हो,

पर उसे पढ़ने में सारी उम्र गुज़र जाती है।

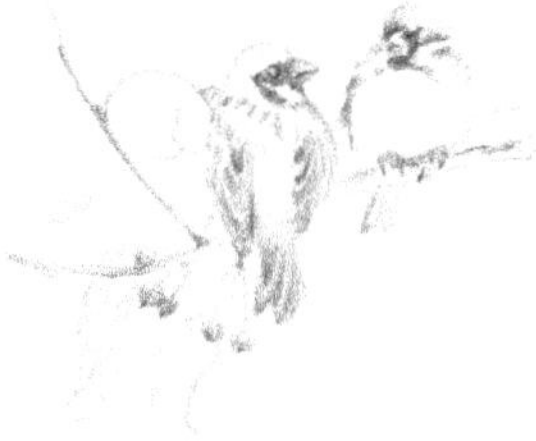

पुरानी ज़ख्मों को बड़ी जतन से सीने से लगाए रखते हैं हम,

वही तो है जो मेरे बीते हुए कल की पहचान है,

एक मीठी चुभन दे जाते हैं वो मुझे,

जाते - जाते वो सारी यादें मेरे हवाले कर जाते हैं वो,

वो मेरी ना हो सकी तो क्या हुआ,

यह यादें तो मेरे अपने हैं,

जिनसे जो चाहे मैं कहलवा सकता हूँ,

मेरे हर एक किरदार को अच्छी तरह से निभाना आता है उन्हें।

ऐ दिल युँ दर्द अपना खुले आम बयान ना किया कर,

कोई नहीं तेरा यहाँ सुननेवाला,

तू अपनी तौहीन न होने देना कभी इस बात का भी खयाल रखा कर,

मस्त है सभी अपने ही दुनिया में यहाँ,

तू यह ना सोचकर चल,

कोई होगा तेरा यहाँ खयाल रखनेवाला,

आदत है मुझे दुनिया के तानों की,

कभी शिकायत ना की हमने,

गिले शिकवाओं की परवाह ना की बस पीछे छोड़ चले आये हैं हम,

ड़र लगता है मुझे कि,

कही तेरी नादानियाँ उनके मज़ाक का कोई हिस्सा ना बन जाए,

इसी वजह से तुम्हें उनसे दूर ही रखता हूँ,

मैं तुमसे कोई ज़ोर जबरदस्ती नहीं कर रहा हूँ,

बस तू कहीं टूटकर बिखर न जाए यहीं खयाल सताता रहता है मुझे।

जो अपनी ही बातों पर अड़े रहे उनको मैं कैसे मनालूँ,

तुम कहाँ,

हाँ में हाँ मिला रहे हो ज़िंदगी,

तुम भी क्या कम ज़िद्दी हो,

जो एक बात पर मेरे मान जाओ

लाख कोशिश की हमने सुकून को तलाशने की,

मगर कहीं नज़र नहीं आया वो मुझे,

लगता है लोगों ने खून किया है उसका।

घूम लिया तुमने भी बहुत साथ मेरे ऐ ज़िंदगी,

रास्ते तो कट गए मगर मंज़िल का पता नहीं,

कहीं ऐसा तो नहीं कि मुझे गुमराह करने के बहाने,

तुम भी अपने रास्ते से भटक गए हो।

ज़िंदगी एक बात बता दे मुझे

कि मौत की वार से हममें से कोई न कोई शिकार हो जाता है

पर तुम हर वार से कैसे बच जाते हो कुछ समझ में नहीं आ रहा।

एक छोटी सी बात भी हम पर बहुत असर कर जाती है ज़िंदगी,

तुम किस ख़ाल का बने हो?

तुम पर कोई बात असर नहीं करती ,

कह गई हर बात को नज़र अंदाज़ कर हँसी ख़ुशी जिए जाते हो।

कितनी अजीब बात है यह,

रोज़ तुमसे बातें किया करता हूँ ज़िंदगी,

फिर भी ना जाने क्यों,

हर बार तुम अजनबी जैसा बरताव करते हो।

सबको जानते हुए भी अंजान बना बैठना कोई आपसे सीखे ज़िंदगी

बड़ी फ़ज़ीहत हो जाती है ज़िंदगी का जब मैं,

उसे यह सवाल पूछता हूँ कि और कितने दिन साथ देगा वो मेरा,

बिना जवाब दिए,

कहीं दूर खड़ा, मुझे देखता ही रहता है वो।

गुफ्तगु काल के साथ

हर कोई सर पे अपना ताज रखकर,

खुद को राजा समझ ने लगे,

उन्हें कैसे समझाऊँ मैं,

मेरी हर लिखी हुई बात को अनदेखा कर,

मेरी हर बुलावे को अनसुना कर वो यह सोचने लगे हैं कि,

वो अपनी अहमियत बढ़ा रहे हैं,

वो क्या जाने अहमियत हमारी नादान है वो अभी,

पल भर में समय के उस पार जा कर

काल से मुलाकात कर लौट आते हैं हम।

वक्त के साथ मिलकर इस कदर रुलाया भी ना करो मुझे ऐ ज़िंदगी,

काल के साथ मिलकर

अगर मैं तुम्हें रुलाने लगूं

तो तुम्हें चुप कराने केलिए कोई नहीं होगा यहाँ।

इसीलिए तो कह रहा हूँ

जो भी करना है अपनी हद में रह कर किया करो।

घड़ी पहन ने की औकात क्या रखा उसने,

लोगों की वक्त बदलने की बातें करने लगा वो,

हम तो काल के यार हैं,

फिर भी खुद के वक्त के बारे में कुछ कहने की हिम्मत नहीं करते।

हम चल रहे थे यार काल के साथ,

पीछे से खुशियों की गूँज सुनाई दी हमें,

वो मेरे तारीफ़ कर रहे थे,

इतने में यार मेरा पूछ बैठा मुझसे,

कौन लोग हैं ये?

मैंने कहा यह मेरे अपने हैं,

जो मेरे कामयाबी पर तारीफ़ कर रहे हैं,

यही हैं जो साथ मेरे हुआ करते थे,

फिर उसने जो कहा और दिखाया,

देख, सुनकर खामोश हो गये हम,

उसने कहा,

सुन पगले कितना नादान हैं तू,

साथ रहने और साथ देने में बहुत फर्क है,

साथ तो बहुत सारे होते हैं,

मगर साथ कोई नहीं देता,

मुझे उसके इन बातों से कुछ अजीब सा महसूस हो रहा था,

फिर उसने सामने मेरे एक आईना रख दिया

और जितने भी मेरे पीठ पीछे घाव थे,

उनसे चुभे तीर को निकालकर गिनवाया,

वह तो उतने ही थे,

जितने लोग वहाँ मेरे तारीफ़ कर रहे थे,

हम तो बस रो पड़े,

उसने फिर हमें समझाया,

संभल के रहना तुम इनसे,

हम तो कहे दिए यार से मेरे फिर भी हम उनसे प्यार करते हैं,

हम नहीं चाहते कोई हमारी वजह से नाराज़ रहे,

या फिर दुखी रहे,

क्या किसी से दिल लगाना गुन्हा हैं?

खुद को संभालते हुए हमने कहा,

हम जानते हैं,

एक तुम ही हो मेरे जो सच्चे यार हो,

यारी निभाना कोई तुमसे सीखे,

आगे हम कुछ नहीं कह पाए,

बस खामोश रह गये।

अपना खामियाँ छुपाकर,

दूसरों को आईना दिखाना बंद करो ज़िंदगी,

काल ने उसके समय के आईने में,

तेरा चेहरा दिखाया है मुझे,

मैं जानता हूँ कि दुनिया में सबसे हसीन और बदसूरत तुम ही हो।

घबराओ नहीं ज़िंदगी, यहीं तरीका है जीने का मेरा,

तुम भी यह देखकर हैरान हुए हो कि,,

हमने इस हुनर को सीखा कहाँ से,

है काल जो यार है मेरा,

वक्त के साथ-साथ सारे सबक सिखा देता

जिन्हे तुम हमें सिखाना भूल जाते हो।

बहुत से मौत के फरिश्ते गुजर रहे थे करीब से मेरे,

उन में एक खूबसूरत सा फरिश्ता मुझे बार-बार देखकर मुस्कुरा रहा था,

सोचा मैं भी मुस्कुरा दूँ,

उसी दरमियाँ हम दोनों के बीच काल आ गया,

उसे देखते ही,

वहाँ से वो सारे,

दुम दबाकर भाग गए,

फ़िर काल ने मुझे समझाते हुए कहा,

उन्हें देखकर कभी मुस्कुराया ना करो,

क्यों कि जो भी उन्हें देखकर मुस्कुराता है,

उन्हें साथ अपने ले जाते हैं वो।

किसी ने हमसे पूछ लिया

"दिया और रोशनी में क्या फर्क है,

काल बस हमें देखता लग रहाथा

हमें शायद कुछ कहने की इज़ाजत दे रहा हो,

हमने यही कहा "दिया खुद जलती हैं,

तब हमें रोशनी मिलती हैं,

उस रोशनी के सहारे हम आगे - आगे निकल जाते हैं,

जितना वक़्त दिया जलेगी उतनी देर रोशनी मिलती रहेगी",

हमें जिसने सवाल किया था वो संतुष्ट था मेरे जवाब से,

पर काल के ईशारों से लग रहा था हमें की

वो खुश नहीं था इस जवाब से मेरे,

मैंने पूछ लिया उससे की क्या कमी थी मेरे जवाब में,

तो उसने कहा "सोच लो ज़रा," पर लग तो रहा था

की हमने सब कुछ सही- सही कहा था,

फिर काल ने हमें ये समझाते हुए यह कहा,

"जिन्होंने दिया बन कर,

खुद को जला लिये और रोशनी फैलाई ज़िन्दगी में तुम्हारे,

देखो उन दियों का तुमने क्या हाल किया है,

जिस दिये के सहारे,

तुम चल फिरने लगे हो,

देखो तुमने उन्हें कैसे बेसहारा छोड़ दिया गिरने के लिए

जब तक जलते रहेंगे ये दियें,

तब तक रोशनी होगी ज़िंदगी में तेरी,

जिस दिन बुझ जायेंगे,

तो अंधेरा ही अंधेरा होगा ज़िन्दगी में तुम्हारी"

यह बात कहते -कहते वह निकल गया वहाँ से,

अब मुझे समझ में आने लगा की उसका इशारा किस ओर था,

उसकी हर एक बात को दिल से महसूस कर पा रहे थे

और हमारी आँखों भी नम हो गयी।

मुझे एक खुली किताब समझकर,

वक्त के साथ मिलकर क्या कुछ लिखे जा रहे हो ज़िंदगी,

सोच लेना ज़रा,

उस किताब की आखरी पन्ने के बाद,

एक नई किताब की शुरुआत होगी,

जहाँ काल के साथ मिलकर

मैं तुम्हारी असलियत बेनकाब करने वाला हूँ,

शायद तुम्हें इस बात कि ख़बर नहीं

इसीलिए मुझे बेवजह परेशान कर रहे हो।

किसी ने हमसफर बनाकर लूटा,

तो किसी ने हमराही बनाकर,

किसी ने सहारा बनाकर लूटा,

तो किसी ने सहारा बनकर,

जब सभी रास्ते खत्म हुए,

तो सारे मुझे ही देखते रह गये,

तभी काल ने मुझसे कहा,

सभी ने अपनी -अपनी ओर से तुम्हें लूट लिया है,

अब तुम्हारा जाने की राह देख रहे हैं,

इतनी बात मेरी याद रखना तुम,

सभी अपनी अपनी मतलब की ख़ातिर जीते हैं यहाँ,

किसी को किसी की परवाह नही है यहाँ।

जेब भी खाली, दिल भी खाली,

दोस्तों का मेला भी हुआ खाली,

काल,

यार मेरा यह सारा मंज़र देख रहा था,

फिर वो पास आकर मेरे कहा,

"देखलिया! तूने यारों की यारी,

अब तो समझ में आ गया होगा तुझे लोगों को परखना,

कितना समझाता हूँ मैं तुम्हें,

फिर भी तुम वही गलती कर बैठते हो,

मैं चाहता तो तेरी जेब दुनिया की सारी धन दौलत से भर दिया होता,

मगर मैं तुम्हें दिखाना चाहता था कि,

लोग कितने मतलबी हो सकते हैं,

दोबारा कभी उनसे जुड़ने की ना सोचना,

हो सके उनसे दूरी बना के रखना",

और बहुत सारी बातें समझाते हुए,

कही दूर उनसे मुझे ले गया।

मौत को दरवाज़े पे दस्तक देते देख कर,

मैंने कहा,

"बड़ी देर लगा दी तुमने आने मे,

मैं तो सालों से इंतज़ार कर रहा था तुम्हारा,

ऊब गया हूँ मैं इस दुनिया से,

अब कोई ख्वाहिश नहीं रही है मेरी बाकी,

तुम मुझे अपने साथ ले चलो",

मौत परेशान हुआ बातों से मेरे और दूर खड़े कुछ सोच रहा था,

और बिना कुछ कहे वापस चला गया,

काल, जो यार है मेरा,

पास खड़ा सारी बातें सुन रहा था,

फिर उसने मुझे समझाते हुए यह कहा,

कि ,'' मौत जिन्हे भी उठा ले गया है,

उनकी बहुत सारी इच्छाएँ अभी बाकी हैं,

वो सारे उसे अपनी अधूरी कहानी सुनाते रहते हैं,

जिनका वो आनंद लेते रहता है,

तेरा जाने से वहाँ का माहौल ना बिगड़ जाए,

इसी सोच से तुम्हें यहाँ छोड़ गया है''।

राह में बिछी काटों के ओर इशारा करते हुए उसने कुछ कहा,

जो सुनकर हमें बहुत दुःख हुआ, क्या करे?

हम तो मजबूर है,

वह तो सुनाया

बगैर या फिर जो भी दुनिया की तसवीर दिखानी है

वो दिखाया बगैर नहीं जाता

उसने कहा ''देखो इन कांटों को तुम,

देखकर उन्हें हैरान था मैं कुछ अजीब किस्म के थे वो,

उसने कहा यह तो नए नस्ल के कांटे हैं,

जो चुभ तो जाते हैं पैरों में,

मगर लहू दिल से बहता है और दर्द सीने में होता है,

ज़रा संभल के रहना

क्यों की इनका दर्द तो ज़िन्दगी भर साथ चलता है,

आख़री साँस तक तुम्हारे वो तुम्हें उनके याद दिलाते रहतें हैं",

वो तो कुछ अजीब किसम के कांटे थे,

जो मैंने कभी अपनी पूरी ज़िंदगी में नहीं देखी थी,

मैं तो समझ गया उसकी इशारा किस ओर था

आप तो काफी समझदार हो,

समझ गए होंगे,

हम क्या कहना चाहते है।

एक सोच आया मन में मेरा,

ऐसा कुछ करूँ जिससे यह सारे खुश हो जाये,

पास खड़ा यार मेरा बोल बैठा,

अरे पगले,

तेरे दाता तो सारी उम्र इन्हे देते आया,

उससे भी उनका दिल नहीं भरा,

तो किस सोच की बात कर रहे हो तुम।

दिलवालों की बातों से हुई

काल से नाराज़गी से कुछ रूठा सा रह गए थे हम,

छुट्टियों की बहाने उससे दूर जाने की सोच लिए

और निकल पड़े हम,

वह यार मेरा पहुँच गया यहाँ भी,

सुबह की ४:०० बजे थे,

जब मैं जाग गया उसकी कुछ बातों से,

इस बार वो अकेलानहीं आया था,

अपने साथ मेरे माँ और पिताजी को ले आया था,

हम तो बहुत खुश हुए

उन्हें देखकर तब वह कुछ ऐसा बोल बैठा मुझसे,

"कितने भी दूर जा तू मुझसे,

उतना ही पास चला आऊँगा मिलने तुझसे,

इनसे कुछ कम प्यार नहीं करता हूँ मैं तुझसे?

ऐसी भी क्या गिले शिकवे कि,

तुम इतने दूर चले आए मुझसे,

जो भी हो एक बात बता तो देता तू मुझसे,

तू नहीं जानता कैसा बंधन हैं यह तेरा मेरा,

तू कही भी जाएगा चला आऊँगा मैं वही,

जो भी हो एक बात बता दे सकता था तू मुझसे,

ऐसे नाराज़ होकर चले आना कोई बात हुई ?"

प्यार की महफ़िल में,

दर्द को देख हुए हम हैरान,पूछ लिया हमने उस से,

तेरा यहाँ क्या काम?उसने कहा,

"मेरा बगैर प्यार की नहीं बनती कोई बात,

दर्द बिना प्यार हो वह कैसा प्यार?

प्यार का बोल भी हम है और अंतरा भी,

प्यार का सुर हैं हम,

प्यार का ताल भी,

नज़र आए तब पता चले कहाँ छुपे हैं हम"

हम फिर कहते हैं,

यह नहीं हमारी बातें,

वह नहीं कह सका,

इसीलिए हमने लिख दी उसकी मन की सारी बातें।

www.ingramcontent.com/pod-product-compliance
Lightning Source LLC
LaVergne TN
LVHW061545070526
838199LV00077B/6904
* 9 7 8 9 3 6 5 5 4 8 7 4 7 *